———————— 님의 소중한 미래를 위해
이 책을 드립니다.

경제흐름을 꿰뚫어보는
금리의 미래

경제흐름을 꿰뚫어보는
금리의 미래

금리 상승기, 곧 다가올 위기를 대비하라

박상현 지음

메이트북스

메이트북스 우리는 책이 독자를 위한 것임을 잊지 않는다.
우리는 독자의 꿈을 사랑하고,
그 꿈이 실현될 수 있는 도구를 세상에 내놓는다.

경제흐름을 꿰뚫어보는 금리의 미래

초판 1쇄 발행 2018년 7월 10일 | **초판 2쇄 발행** 2018년 8월 5일 | **지은이** 박상현
펴낸곳 ㈜원앤원콘텐츠그룹 | **펴낸이** 강현규 · 정영훈
책임편집 최미임 | **편집** 안미성 · 이가진 · 이수민 · 김슬미
디자인 최정아 | **마케팅** 한성호 · 김윤성 | **홍보** 이선미 · 정채훈
등록번호 제301-2006-001호 | **등록일자** 2013년 5월 24일
주소 06132 서울시 강남구 논현로 507 성지하이츠빌 3차 1307호 | **전화** (02)2234-7117
팩스 (02)2234-1086 | **홈페이지** www.matebooks.co.kr | **이메일** khg0109@hanmail.net
값 16,000원 | **ISBN** 979-11-6002-145-5 03320

메이트북스는 ㈜원앤원콘텐츠그룹의 경제·경영·자기계발·실용 브랜드입니다.
잘못 만들어진 책은 구입하신 서점에서 교환해 드립니다.
이 책을 무단 복사·복제·전재하는 것은 저작권법에 저촉됩니다.

이 도서의 국립중앙도서관 출판시도서목록(CIP)은 e-CIP홈페이지(http://www.nl.go.kr/ecip)에서
이용하실 수 있습니다.(CIP제어번호 : CIP2018019908)

시장의 흐름에 휘둘리지 말고
마음의 평정을 유지하라

· 워렌 버핏 ·

이코노미스트가 바라보는
'금리의 미래'

2018년 초에 이 책의 집필 제안을 받고 의욕이 있었지만 망설임도 있었다. 증권사 리서치에서 근무하면서 매주 투자자 또는 펀드매니저들을 위해 쓰던 리포트가 아닌 일반 독자를 위한 책을 쓴다는 것이 쉽지 않을 것 같았기 때문이다.

1991년 4월에 연구원으로 첫발을 디딘 후 민간 경제연구소와 증권회사 리서치센터에서 근무하면서 수많은 리포트를 쓰고 다양한 세미나를 했지만, 막상 한 주제를 가지고 깊이 있는 장문의 리포트를 작성하는 것이 남의 일처럼 여겨졌다. 책이 주는 중압감이 필자에게는 너무 컸기 때문이다.

그럼에도 불구하고 필자가 이 책을 쓰게 된 것은 글로벌 금융시장 내 커다란 변화가 임박해지고 있음을 느껴 이를 정리하고 싶은 동기가 컸기 때문이다. 그러나 '경제흐름을 꿰뚫어보는 금리의 미래'라는 책 제목처럼 미래, 그것도 투자자들에게 가장 민감한 금리의 흐름과 금리가 미칠 영향을 분석하고 진단하는 것은 필자에게는 새로운 도전이었다.

책의 내용과 관련해 향후 금융시장이 직면할 수도 있는 리스크에 많은 비중을 할애했다. 그 이유는 지난 10년간 글로벌경제와 금융시장 흐름은 이전과는 다른 패턴을 보여주었지만, 금리인상 국면을 맞이한 글로벌경제와 금융시장은 과거와 다른 다양한 리스크에 직면할 공산이 높다고 생각되기 때문이었다.

소위 저성장, 저물가로 대변되는 뉴노멀(New Normal) 현상이 글로벌경제와 금융시장을 지배해왔다. 그 시발점의 중심에는 2008년 서브프라임 사태로 촉발한 글로벌 금융위기가 있다. 당시 서브프라임 사태로 미국 굴지의 대형 IB들이 잇따라 파산하면서 글로벌경제는 1920년대 말과 같은 대공황에 직면할 것이라는 두려움에 휩싸였다. 이에 미국 다우지수는 고점대비 절반 수준까지 하락했고, 국내 주식시장도 예외는 아니었다. 누구도 위기가 조기에 종식될 것으로 생각하지 않았다. 그러나 위기 극복을 위해 새롭고 과감한 정책이 추진되었다. 미 연준은 정책금리를 제로 수준까지 인하하고 시중에 돈을 무한정으로 푸는 소위 양적완화정책을 추진했다. 누구도 이전에는 경험하지 못했던 강력한 통화정책이 실시된 것이다.

정책 초기 양적완화의 긍정적 효과보다는 양적완화정책이 가져올 후유증을 우려하는 목소리가 커졌다. 실제 미 연준은 양적완화정책을 한 차례에 그치지 않고 3차례나 실시했고, 영국은행(BOE), 유럽중앙은행(ECB), 일본은행(BOJ)마저도 양적완화정책에 동참하게 된다. 이에 시중금리 역시 끝 모를 추락을 거듭하면서 근 10년간 세계경제는 저금리 시대에 익숙해졌다.

10년간 지속된 초저금리 시대는 글로벌경제와 금융시장에 많은 변화를 주었다. 무엇보다 자산가격이 이례적으로 동반 급등하는 현상이 초래되었다. 자산가격 상승이 글로벌 경기회복에 긍정적 영향을 미친 것은 분명하지만, 한편으로는 자산가격 버블 또는 과열 논란을 촉발시키고 있다.

지난 10년간 어떻게 보면 투자자들에게 매우 유리한 투자기회를 제공했던 초저금리 시대가 점차 막을 내릴 분위기다. 미 연준의 금리인상 속도가 빨라지고 있고 유럽중앙은행, 일본은행도 당장 금리인상에 나서지 않지만 시중에 유동성을 푸는 양적완화정책을 중단할 가능성이 높아졌다. 국내 상황도 마찬가지다. 지난해

한 차례 정책금리를 인상한 금융통화위원회는 또다시 금리인상 시점을 저울질하고 있다.

관건은 초저금리와 양적완화로 촉발한 각종 리스크다. 저금리 시대가 막을 내리고 금리가 상승할 경우를 대비해 인식했든 못했든 간에 각종 잠재 리스크들이 돌출할 수 있다. 이미 일부 이머징 국가들의 금융시장 불안이 빈발하는 현상은 미국 금리 상승의 여파로 여기고 있다. 이처럼 금융시장의 기류 변화가 감지되고 있어 투자자들 역시 빠른 변화가 불가피하다. 그리고 앞으로 금융시장의 변화를 주도할 것은 당연히 금리일 것이다.

필자가 향후 전개될 글로벌경제와 금융시장의 변화, 특히 금리 변화가 가져올 새로운 투자환경이나 리스크를 정확히 예측할 능력은 없다. 다만 이전의 10년과 다가올 10년의 금융시장과 금리의 흐름이 분명히 다르다는 것은 확신할 수 있다. 무엇보다 10년 만에 중앙은행의 정책 기조가 전환되고 있음을 주목할 필요가 있다. "중앙은행에 맞서지 말라"는 말이 있듯이 중앙은행의 정책변화는 금융시장이 급변할 수 있음을 시사하는 것이다. 또한 지난해 비트코인 등 가상화폐 투자 열풍으로 대변되는 제4차 산업혁명사이클도 경제와 금융시장, 더 나아가 금리 추이에 큰 변화를 초래할 것으로 기대된다.

필자는 이코노미스트로 지난 10년간 금융시장 현장의 체험과 집필한 리포트를 활용하여 투자자들과 일반 독자에게 향후 금융시장, 금리 변화를 이해하고 리스크를 관리하는 데 도움을 주기 위해 이 책을 썼다. 필자는 식견이 높은 경제학자도 아니고 큰 변화를 예견할 수 있는 미래학자도 아니다. 이 책은 성실히 28년간 연구원과 이코노미스트로 일하면서 체득한 경험을 바탕으로 정리한 자료임을 강조하고 싶다. 이 책의 부족한 점과 편향되게 보일 수 있는 내용은 전문가가 아닌 필자의 한계라는 것을 독자들이 너그럽게 이해해주길 바라겠다.

끝으로 이 책을 쓰도록 독려해주시고 필자의 부족함을 채워주신 분들께 감사를 전하고 싶다. 우선 같이 근무하면서 옆에서 많은 도움을 주고 고생을 함께한 하이투자증권 투자전략팀 팀원들(서향미 차장, 진용재, 염지윤, 강재현 연구원), 조익재 전무, 고태봉 이사, 증권법인팀 함승일 이사, 이용우 팀장, 김동욱 부장에게 이 자리를 빌려 감사의 말을 전한다. 또한 새로운 직장으로 옮겨 원고를 잘 마무리할 수 있게 해주신 리딩투자증권 최장순 부사장님, 박영국 전무님께도 감사의 말씀을 드린다. 그리고 처음 집필제안을 받고 고민할 당시 격려해준 많은 선후배와 친구들에게도 인사를 전합니다. 부족한 저를 선택하여 책을 쓰도록 해주신 메이트북스 관계 자분들께도 감사의 말씀을 드린다. 마지막으로 바쁘다고 늘 신경을 쓰지 못해도 묵묵히 저를 응원하고 있는 가족들에게도 고마움을 이 자리를 빌려 전한다.

이코노미스트

박상현

차례

1장 금리의 역습이 시작되나?

2장 금리는 무엇을 말하나?

3장 저금리 현상에 대해 논하다

4장 저금리 뒤에 숨어있는 잠재 리스크

7장 금리 상승, 위기인가 기회인가?

『경제흐름을 꿰뚫어보는 금리의 미래』
저자 심층 인터뷰

'저자 심층 인터뷰'는 이 책의 심층적 이해를 돕기 위해 편집자가 질문하고 저자가 답하는 형식으로 구성한 것입니다.

Q. 『경제흐름을 꿰뚫어보는 금리의 미래』를 소개해주시고 이 책을 통해 독자들에게 전하고 싶은 메시지가 무엇인지 말씀해주세요.

A. 이 책을 통해 금리가 경제와 금융시장, 자산시장에 미치는 영향을 설명하고자 했습니다. 교과서적인 이야기지만 금리가 과연 경기와 금융시장의 무엇을 대변하고 있는지, 그리고 금리 흐름을 결정하는 변수들은 무엇인지 이전 사례를 통해 설명했습니다. 그리고 2008년 글로벌 금융위기 이후 소위 양적완화와 초저금리 상황이 지속될 수밖에 없었던 시대적 상황과 함께 10년간 지속된 저금리 시대가 막을 내릴 수밖에 없는 일련의 경제 및 금융시장 여건들을 짚어봤습니다.

이 책에서 무엇보다 중점을 둔 것은 10년 만에 금리흐름이 변화되면서 발생할 수 있는 리스크, 특히 금리 상승이 자산가격에 미칠 영향입니다. 제가 30년간 금융시장에 몸담으면서 체험했던 경험을 바탕으로 쓴 이 책이 금리 상승 국면의 리스크를 최소화하고 이에 대응하는 자산투자 전략을 수립하는 데 조금이나마 도움이 되었으면 합니다.

Q. 금리는 글로벌경제와 금융시장의 상태를 대변하는 지표라고 불립니다. 금리가 중요한 이유에 대해 자세한 설명 부탁드립니다.

A. 경제와 금융시장을 상태를 보여주는 지표는 금리 이외에도 주가·환율, 각종 체감지표 및 실물지표, 원자재가격 등 다양한 지표가 있지만 경기 사이클이나 각종 자산가격에 금리만큼 큰 영향을 미치는 변수는 없습니다. 미 연준이나 한국은행이 물가와 경기 조절을 위해 금리정책을 대표적인 정책수단으로 삼고 있는 데서 알 수 있듯이 금리는 매우 중요합니다. 일상생활에서도 금리는 다른 변수보다 쉽게 접할 수 있는 변수입니다. 개인이나 기업들이 예금을 하거나 대출을 받을 때 가장 신경 쓰는 것은 금리 수준입니다. 또한 주식이나 부동산 등 자산에 투자할 때도 금리 수준은 투자에 큰 영향을 미쳐왔습니다.

더욱이 2008년 글로벌 금융위기 이후 지속된 제로금리 현상은 투자행태에 큰 영향을 미친 것이 사실입니다. 그런데 저금리 시대가 막을 내리고 있어 앞으로 각종 경제활동에 있어 금리의 중요성이 더욱 부각될 가능성이 높아졌습니다. 금리흐름을 자칫 잘못 예측하고 대응한다면 커다란 위험 혹은 투자손실을 볼 수 있음을 명심해야 할 시기입니다.

Q. 10년간의 저금리 현상을 저성장과 저물가만으로 설명할 수 없다고 하셨습니다. 그렇다면 저금리 현상이 장기화된 이유는 무엇인가요?

A. 글로벌 금융위기 이후 위기가 완전히 해소되지 않았기 때문에 저금리 현상이 장기화되었습니다. 저금리와 풍부한 유동성으로 경기가 회복되고 자산가격이 급등했지만, 여전히 저금리로 연명하고 있는 한계기업과 한계국가들이 존재합니다. 금융위기 이후 '긴축발작'이라는 용어가 자주 언급되고 있습니다. 미 연준이나 주요 중앙은행이 양적완화 중단 혹은 금리인상 시그널을 언급할 때마다 주식·채권·환율이 요동치는 현상이 빈발하고 있습니다. 그 이유가 무엇일까요? 단적으로 금리인상 혹은 긴축 강화가 경제상황이 취약하거나 재무상황이 안 좋은 기업들에게 커다란 리스크일 수 있기 때문입니다.

글로벌 금융위기 이후에도 기업이나 정부는 부채를 줄이기보다는 저금리를 활용해 차입, 즉 부채를 꾸준히 증가시켰습니다. 중앙은행들이 섣불리 금리를 인상할 경우 부채 리스크가 재발할 수 있고, 저금리에 기반한 자산가격도 급락할 수 있습니다. 이에 중앙은행이 살얼음판을 걷듯 조심스러운 행보를 할 수밖에 없어 저금리 현상이 장기화되고 있습니다.

Q. 오랜 저금리 뒤에 숨어있는 리스크가 금리 상승기를 맞아 대두될 예정인데, 구체적으로 어떤 리스크 요인들이 있나요?

A. 대표적으로 3가지 리스크를 지적할 수 있습니다.

첫 번째는 자산가격 급락 가능성입니다. 일부에서는 'Everything Bubble(모든 자산가격의 과열현상)'을 주장할 정도로 자산가격의 과열을 우려하고 있습니다. 저금리에 기반한 막대한 유동성이 각종 자산시장으로 유입되면서 유례없이 모든 자산가격이 동반 상승했습니다. 따라서 금리가 상승하고 유동성이 축소될 경우, 과열된 자산가격을 중심으로 큰 폭의 가격조정이 나타날 수 있는 리스크가 있습니다.

두 번째는 부채 리스크입니다. 2008년 글로벌 금융위기 이후 오히려 각종 부채규모는 기하급수적으로 증가했습니다. 최근에는 중국 기업부채 리스크가 자주 언급되고 있습니다. 부채가 많은 상태에서 금리 상승은 부채상환 리스크를 증폭시켜 파산 사태를 촉발시킬 수 있습니다.

마지막으로 경기침체 리스크입니다. 체감은 잘 안 되지만 글로벌 경기는 근 10년 동안 큰 폭의 침체 없이 경기확장을 이어가고 있지만 금리인상으로 확장 사이클이 막을 내릴 수 있습니다. 과거 금리인상 국면마다 위기가 발생했다는 점도 상기할 필요가 있습니다.

Q. 한국은 글로벌 저금리 현상의 요약판이며, 당연히 금리인상 리스크에서 안전하지 않습니다. 금리 상승과 한국경제의 관계에 대해 알려주시기 바랍니다.

A. 늘 지적되는 것이지만 한국경제는 부채 리스크에서 자유롭지 못합니다. 특히 경기회복을 위해 부동산 경기를 부양하는 과정에서 가계의 부채 규모는 더욱 늘어났습니다. 금리가 상승할 경우 이자 등 부채 부담이 증가할 수밖에 없고, 금리 상승으로 자칫 주택가격이 하락할 경우 그 여파는 고스란히 가계 파산, 더 나아가 금융시스템 리스크로 전이될 수 있습니다.

또한 미 연준의 지속적인 정책금리 인상으로 한국과 미국 간에 정책금리가 역전되는 현상 역시 국내 투자된 외국인 자금의 이탈 압력을 높일 수 있습니다. 이 밖에도 앞서 언급한 것처럼 금리 상승으로 중국내 기업부채 리스크가 현실화된다면 대중국 경제의존도가 절대적인 우리나라 경제는 치명타를 받을 수밖에 없습니다. 무엇보다 금리 상승은 다소 살아나고 있는 국내 경기를 재차 둔화시킬 수 있는 요인이라는 점에서 글로벌 경제와 금융시장이 안고 있는 금리인상 리스크에 우리나라 역시 똑같이 직면해있습니다.

Q. 초저금리 시대가 저물고 있습니다. 이제 금리 상승기를 맞아 개인과 기업은 리스크 관리를 어떻게 해야 하나요?

A. 금리인상 국면에서 가장 중요한 리스크 관리는 '부채관리'입

니다. 부채가 꼭 나쁜 것은 아니지만 가계와 기업의 재무상태에 비해 과도한 부채를 차입한 상황이라면 금리 상승에 대비해 부채를 축소할 필요가 있습니다. 각종 자산투자에도 신중할 필요가 있습니다. 저금리 상황에서는 소위 '묻지마 투자' 혹은 차익을 노리는 갭투자가 어느 정도 가능했지만 금리 상승 국면에서 이러한 투자는 자칫 리스크로 돌아올 수 있습니다. 금리 상승으로 자산가격이 하락할 경우에는 커다란 리스크가 될 것이기 때문입니다.

기업 입장에서는 환율과 신용리스크를 꼼꼼히 체크해야 합니다. 미 연준의 지속적인 금리인상이 달러화의 변동성을 확대시켜 원·달러 환율 역시 변동성이 확대될 수 있습니다. 특히 미 연준의 금리 상승으로 달러화가 예상 밖의 강세를 보일 경우에는 주식 혹은 이머징 자산이 큰 타격을 받을 수 있어 가계나 기업이 경계해야 할 부문입니다. 금리 상승시 소위 한계기업 혹은 좀비기업의 파산 등 신용리스크가 커질 수 있음도 간과하지 말아야 할 것입니다.

Q. 미국 10년 국채 금리가 3%를 넘어설 태세이고, 미 연준은 최소 2019년까지 정책금리를 추가로 인상할 전망입니다. 어떤 요인들이 그간 잠자던 금리를 자극한 건가요?

A. 무엇보다 '경기회복'을 들 수 있습니다. 금융위기 이후 글로벌 경제는 저성장 및 저물가로 대변되는 뉴노멀(New Normal) 국

면에서 벗어나지 못했습니다. 그러나 저금리와 양적완화정책에 힘입어 미국을 위시한 주요 선진국의 경기가 정상화되고, 이후 이머징 경기도 살아나면서 10년 만에 글로벌경제는 동반회복중입니다. 경제가 정상화되고 있다는 점에서 금리 역시 점차 정상화할 필요가 높아진 것입니다.

금리에 큰 영향을 미치는 물가 상승률 역시 높아지는 추세입니다. 물론 물가 상승률은 중앙은행이 목표하는 2%선을 넘어서지 못하고 있지만 꾸준히 상승하고 있는 것은 분명합니다. 중앙은행 입장에서 경기회복과 원자재가격 상승 등으로 자칫 급등할 수 있는 물가 압력을 선제적으로 대응할 필요성이 커진 것입니다. 이 밖에 저금리로 인한 과도한 자산가격 상승을 제어할 필요성도 정책금리 인상 압력으로 작용하고 있습니다.

Q. 10년 만에 맞이하는 금리 상승, 물가 급등, 달러화 강세와 같은 뜻밖의 블랙스완이 세계 경제에 큰 위기를 부를 가능성이 있나요?

A. 예, 큰 위기를 부를 가능성이 있습니다. 지난 세계경제와 금융시장은 '초저금리와 양적완화'라는 뜻하지 않은 상황을 경험했습니다. 이제 금리인상과 양적완화 축소라는 이전에는 경험하지 못한 길을 가야 합니다. 누구도 금리·환율 등 금융시장 여건이 어떻게 돌변할지 예상하기 어렵습니다. 이런 관점에서 생각하지 못한 블랙스완이 나타나면서 세계경제와 자산시장이 큰 위험에 직면할 수 있습니다.

공교롭게 금융시장에서 회자되듯 10년 위기설과 금리 상승 등 통화 긴축 사이클이 동반되고 있습니다. 여기에 트럼프 행정부의 뜻하지 않은 보호무역주의에 따른 무역 갈등은 경기와 금융시장 전망을 더욱 어렵게 하고 있습니다. '가보지 못한 길'이라는 점에서 언제든지 돌출될 수 있는 블랙스완을 경계해야 할 것입니다.

Q. 금리 상승에도 불구하고 절대적 금리 수준은 여전히 낮고 성장 모멘텀도 있다고 하셨습니다. 자세한 설명 부탁드립니다.

A. 금리 상승은 경제와 금융시장에 부담스러운 현상입니다. 미 연준이 금리인상에 나서고 있지만 완만한 금리인상 기조를 유지하고 있고 여타 중앙은행들은 금리인상을 여전히 주저하고 있습니다. 경기회복에도 불구하고 절대적 금리 수준이 낮은 수준을 유지하는 근거입니다. 물가 압력도 커지고 있지만 이전에 비해 경제체질 변화 등으로 물가 상승 속도는 과거에 비해 더딥니다. 경기회복에도 물가 압력이 낮을 수 있음을 시사합니다. 더욱이 물가 상승률을 고려한 실질금리는 미국을 제외하고 대부분 마이너스 실질금리를 보이고 있습니다. 금리 상승 리스크가 있지만 투자 관점에서 금리 수준이 절대적으로 불리하지는 않다고 할 수 있습니다.

금리 상승 리스크와 더불어 성장 모멘텀도 부각중입니다. 글로벌경제는 제4차 산업혁명이라는 강력한 성장 모멘텀을 맞이했습니다. 향후 제4차 산업혁명이 진정한 의미에서 산업혁명 사이클로 발전한다면 금리 상승 리스크를 대부분 상쇄시킬 것으로 예상합니다. 금리 상승 리스크와 성장 모멘텀이 어떤 조합을 보일지 주목해야 할 시점입니다.

Q. 투자자에게 금리 상승은 위기이면서 또한 기회이기도 합니다. 금리 상승 국면에서의 투자전략에 대해 말씀해주시기 바랍니다.

A. 금융시장에 자주 회자되는 2가지 격언을 이야기하고 싶습니다. "중앙은행과 싸우지 말라"와 "계란을 한 바구니 담지 말라"입니다. 미 연준은 최소 2019년까지 금리인상 사이클을 지속할 공산이 높습니다. 글로벌 경기가 예상치 못한 침체를 맞이하지 않는다면 금리 상승은 불가피해 보입니다. 즉 금리흐름에 역행하는 투자는 피할 필요가 있습니다. 또한 과도한 레버리지는 삼가할 필요가 있습니다.

다만 중요한 것은 과거에 비해 금리 상승 국면에서도 다양한 투자수단이 있다는 점입니다. 해외투자는 물론 ELS(주가연계증권) 및 ETF(상장지수연동펀드) 등 다양한 투자 대안이 존재하고 있습니다. '위기가 기회'라는 말처럼 금리 상승은 분명히 경계해야 할 리스크지만 금리 상승 국면에서도 새로운 투자기회를 얻을 수 있다고 생각합니다.

미 연준이나 한국은행이 물가와 경기조절을 위해
금리 정책을 대표적인 정책수단으로 삼고 있는 데서도 알 수 있듯이
금리는 매우 중요하다.

2008년 미국 서브프라임 사태로 촉발된 글로벌 금융위기 사태를 해결하고자 미 연준은 물론 주요 중앙은행들은 유례없는 통화정책 완화 카드를 꺼내들었다. 금리는 끝 모를 추락을 했고, 초저금리 상황은 끝나지 않을 것처럼 보였다. 그러나 금리가 고개를 들기 시작했다. 미국 경기 및 자산가격이 정상화되고 잠잠하던 물가마저 들썩이면서 미국 연준은 정책금리인상 사이클을 본격화하고 있다. 금리 사이클 대전환이 위기의 판도라 상자를 열 수 있다.

1장

금리의 역습이
시작되나?

금리 상승기의 개막,
위기의 판도라 상자

2015년 12월 미 연준은 정책금리를 인상했다. 미 연준의 정책금리인상은
지난 10년간 저금리 시대가 막을 내리는 신호탄이다.

금리가 상승하기 시작했다

'금리가 상승하고 있다.' 어떻게 보면 생소한 느낌이 드는
문장이다.

2008년 글로벌 금융위기 이후 약 10년간 금리 상승은
낯선 단어이자 각종 자산에 투자하는 투자자들에게 거의
고려할 필요가 없는 조건이었다. 경제위기 이후 선진국 중
앙은행들의 제로금리와 막대한 유동성 공급정책인 양적완
화(QE: Quantitative Easing)정책으로 촉발된 저금리 기조의
장기화 현상은 금리 무감각증을 심화시켰다.

그러나 상황이 변화하고 있다. 투자자, 정책 입안자 심지

어 일반인조차도 매일 아침 눈을 뜨면 금리를 체크하기 시작했다. 미국 금리가 예상보다 빠르게 상승하고 있고 추가로 상승할 가능성이 높아지면서 주가 등 각종 자산가격이 민감한 반응을 보이고 있기 때문이다. 극히 일부지만 향후 20년간 미국 채권금리의 상승세가 이어질 것으로 예상하는 극단적인 견해도 출현하고 있다. 하루빨리 금리 무감각증에서 벗어나야 할 시점이다.

실제로 지난 2017년 말부터 금리 상승 속도는 시장의 예상보다 빨라지고 있다. 글로벌 금리의 척도 역할을 하는 미국 10년물 국채 금리의 경우, 2016년 중반에 1.5%에서 2018년 4월 말 기준으로 3.0% 수준까지 상승했다. 1년 6개월 사이에 미국 장기금리가 100% 상승했다.

미국 정책금리, 즉 연방기금금리와 높은 상관관계를 보이는 미국 2년물 국채 금리의 상승 속도는 더욱 드라마틱하다. 2011년 중반 한때 0.18% 수준까지 하락하면서 마이너스 금리 추락까지도 우려했던 미국 국채 2년물 금리는 2018년 4월 말 기준으로 2.5%대까지 상승했다. 글로벌 금융위기의 서막을 알렸던 리먼브라더스 파산(2008년 9월 15일) 직전 수준까지 2년물 국채 금리가 상승했다.

문제는 지금부터다. 금리 전망에 대해 여전히 갑론을박 중이지만 10년간 이어진 저금리 국면이 막을 내리면서 금리가 점진적 혹은 계단식 상승 추세를 보일 수 있기 때문이

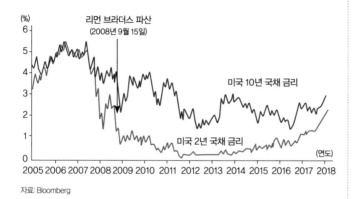

〈그림 1-1〉 미국 10년과 2년 국채 금리

자료: Bloomberg

> 글로벌 금융위기 이후 제로금리정책과 양적완화정책으로 한때 0% 가까
> 이 하락했던 미국 2년물 국채 금리가 급등하면서 글로벌 금융위기 이전
> 수준까지 상승했고, 10년물 국채 금리도 3% 수준에서 등락중이다.

다. 바야흐로 금리 상승 시대에 진입중인 것이다.

그렇다면 저금리 시대의 종언을 알리고 금리 상승 시대
를 알려주는 시그널이 정말 감지되고 있는 것일까?

미국 연준이 달라졌어요

2018년 2월 초에 미국 연방준비제도(이하, 미 연준) 신임 의
장으로 제롬 파월이 취임했다. 파월 신임 미국 연준의장 취
임이 미국 통화정책 기조의 급격한 변화를 의미하는 것은

아니지만 벤 버냉키 전 의장에 이어 저금리 시대를 주도했던 재닛 옐런 전 의장의 퇴임과 함께 시중금리가 큰 폭으로 상승한 현상을 우연이라고 치부하기도 어렵다.

글로벌경제 대통령으로 지칭되는 미국 연준의장을 새롭게 맞이한 금융시장은 옐런 의장 취임 당시와는 달리 파월 의장 취임에 대해 미묘하지만 다른 반응을 보이고 있다. 미묘한 반응의 기저에는 미 연준의 금리인상 사이클이 자리잡고 있다. 2015년 12월부터 시작된 미 연준의 정책금리인상 속도가 더욱 빨라질 수 있다는 공포감이 생겨나기 시작했다. 각각 25bp씩 2015~2016년 한 차례, 2017년에 3차례 금리인상을 단행했던 미 연준이 2018년에도 2~3차례 정도의 금리인상을 단행할 것이라는 견해가 일반적이다.

그러나 미 연준의장의 교체시점에서 분위기가 돌변했다. 미국경제의 견고한 확장세와 각종 자산가격의 급등으로 정책금리를 3차례가 아닌 4차례 혹은 5차례까지도 인상할 수 있다는 전망이 불거지기 시작했다. 2018~2019년에 각각 100bp에 가까운 가파른 금리인상 사이클이 도래할 수 있다는 두려움이 커진 것이다.

옐런 전 의장과 파월 신임의장도 금리 공포 심리를 더욱 자극했다. 옐런 전 의장은 퇴임 후 언론 인터뷰에서 주식과 상업용 부동산을 가리키며 "아주 높다고 말하고 싶지 않지만 높은 수준이라고 할 수 있다"고 말했다. 1996년 앨런 그

bp
이자율 계산시 사용하는 최소의 단위다. 1%는 100bp이고, 1bp는 0.01%다.

린스펀 전 연준의장이 미국 주가시장의 급속한 상승을 경고하기 위해 사용했던 '비이성적 과열'이 생각난다. 자산가격의 과열을 막기 위해서 통화정책 기조의 빠른 전환, 즉 금리인상 속도의 수정 필요성을 언급한 것으로도 해석할 수 있다. 파월 신임 의장도 미국 의회에서 행한 첫 연설에서 기존의 점진적 금리인상 유지를 강조했지만 금리인상 속도의 가속화 가능성도 동시에 열어두었다.

미국 경기에 대한 자신감이 반영된 것이지만 미국 연준의 금리정책이 매파적으로 변화되는 느낌이다. 이 대목에서 금융시장은 "중앙은행과 맞서지 말라"는 월가의 격언을 다시 떠올리고 있을지 모르겠다.

유동성 파티, 더이상의 연장은 없다

글로벌 유동성 축소 리스크 역시 금리 상승 압박으로 다가오고 있다. 글로벌 금융위기 이후 주요국 중앙은행들이 저금리 기조 유지 차원에서 실시했던 양적완화정책이 미국을 필두로 막을 내리고 있다.

글로벌 금융위기로 세계경제가 1920년대 대공황과 1990년대 초반 일본 버블 붕괴 같은 심각한 디플레이션에 빠질 수 있다는 우려로 미 연준, 유럽중앙은행(이하 ECB),

디플레이션
인플레이션(inflation)의 상대 개념으로 물가 수준이 추세적으로 하락하는 현상을 의미한다. 물가 하락 상황에서 '경기침체'라는 의미로도 사용되고 있다.

일본은행(이하 BOJ)은 제로금리정책과 함께 비전통적 통화정책인 양적완화정책을 잇달아 추진했다.

양적완화정책에 대한 평가는 여전히 엇갈리고 있지만 막대한 유동성 공급은 우려와 달리 아직까지 물가를 크게 자극하지 않으면서 주식·채권·부동산 등 각종 자산가격을 큰 폭으로 상승시켰다. 자산가격 상승은 디플레이션 리스크 해소와 글로벌 경기 정상화에도 큰 일조를 했다.

그러나 2017년부터 주요 선진국 경기가 점진적이지만 뉴노멀(New Normal) 국면에서 벗어날 징후를 보이기 시작하면서 미 연준이 2018년부터 보유자산 축소를 시작했다. ECB와 BOJ도 현 양적완화정책을 2018년 말 또는 2019년 초에 중단할 것으로 예상되는 등 유례가 없었던 글로벌 양적완화정책이 종착역에 다다르고 있다.

정책금리인상과 함께 양적완화 종료는 분명히 또 다른 긴축 기조 시그널이다. 무엇보다 채권 수요에 큰 영향을 미치면서 금리 상승 압박으로 이어질 수 있다. 양적완화정책을 통해 중앙은행들은 막대한 채권을 매입해주는 채권 포식자 역할을 했지만 더이상 채권을 매입하지 않을 것이다. 수요·공급 법칙에 따라 시중금리는 상승 압박을 받을 수밖에 없다.

과거에는 정책금리인상이라는 통화정책 기조에만 시중금리가 크게 움직였지만, 앞으로는 정책금리인상 사이클은 물론 양적완화 종료, 더 나아가 미 연준이 2018년부터 시작한 보유자산 축소 정책 규모에 따라서도 시중금리는 민감한 반응을 보일 것이다. 자칫 두 가지 정책이 병행될 경우 시중금리가 과거 금리인상 사이클 당시보다 가파르게 상승할 리스크도 배제할 수 없게 되었다.

디플레이션보다 인플레이션을 걱정한다

물가 기대감도 바뀌고 있다. 금융위기 이후 글로벌경제는 물가 상승, 즉 인플레이션을 걱정하기 보다 물가 하락 기조의 장기화, 즉 디플레이션 리스크를 우려했다.

미국도 예외는 아니었다. 미국 소비자물가는 한국전쟁 종료 직후인 1954년 9월~1955년 8월까지 마이너스 상승률을 기록한 이후 처음으로 2008년 글로벌 금융위기 후에 두 차례 마이너스 상승률을 경험했다. 다행히 2015년 중반 이후 소비자물가 상승률이 상승 전환했지만 여전히 과거 평균치를 하회하는 낮은 물가 상승률을 보여왔다.

무엇보다 저물가 현상의 장기화를 우려하는 목소리가 높았다. 미 연준조차도 경기회복에도 불구하고 물가 압력이 기대보다 높아지지 않는 현상에 대해 정책적 고민이 깊었다. 물가와 실업률간 역의 함수관계를 보이는 필립스 곡

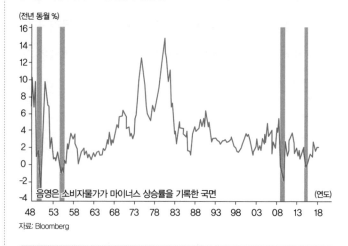

<그림 1-2> 미국 소비자물가 상승률

(전년 동월 %)

음영은 소비자물가 마이너스 상승률을 기록한 국면

(연도)

48 53 58 63 68 73 78 83 88 93 98 03 08 13 18

자료: Bloomberg

> 미국 소비자물가 상승률이 마이너스 상승률을 기록하면서 글로벌경제
> 가 디플레이션 국면에 진입할 수 있다는 우려감으로 시중금리가 큰 폭
> 으로 하락했지만 소비자물가가 반등하면서 미국 정책금리인상이 시작
> 되고 시중금리도 반등하고 있다.

선이 더이상 유효하지 않을 수 있다는 의견도 대두되었다.

그만큼 물가 상승 기대감은 낮았고, 이는 시중금리의 안정

으로 이어졌다.

분위기는 2018년에 들어서면서 돌변했다. 미국 경기 펀

더멘탈에 대한 확신이 더욱 강해지고 미동도 하지 않던 임

금이 상승하기 시작하면서 물가 기대감도 빠르게 변화되었

다. 여기에 유가 등 원자재가격도 상승하면서 어느 순간 디

플레이션보다 금리인상 속도를 자극할 수 있는 인플레이션

에 대한 관심이 높아졌다.

트럼프노믹스, 금리 상승 리스크다

금리흐름의 또 다른 돌발변수가 등장했는데 바로 트럼프노믹스다. 대규모 감세정책을 중심으로 한 트럼프노믹스정책은 단기적으로 미국 경기와 주식시장에 긍정적 영향을 미치고 있다. 트럼프 대통령 당선 이후 트럼프노믹스 기대감에 힘입어 미국 주가와 경기는 강한 상승 흐름을 타고 있다. 미국 다우지수는 2016년 11월부터 2018년 2월까지 약 42%의 상승 폭을 기록했다. 향후 10년간 1조 5천억 달러 규모의 감세정책과 인프라 투자 확대 계획 등 강력한 재정정책을 중심으로 한 트럼프노믹스 정책이 미국 경기의 강한 확장세를 만들어낼 수 있다는 기대감이 주가에 긍정적 영향을 미쳤다.

중요한 것은 트럼프노믹스 정책에도 명암이 있다는 점이다. "공짜 점심은 없다"는 격언이 있듯이 트럼프노믹스는 '재정부담'이라는 값비싼 대가가 수반될 공산이 높다. 재정수지 적자 확대는 국채발행 '물량 증가'라는 수급 부담과 함께 과도한 재정지출에 따른 물가 상승 압박으로 이어져 시중금리를 상승시킬 수 있는 잠재적 요인이다.

트럼프 대통령 당선 직후 인터넷에 회자된 유명한 일화는 트럼프노믹스의 잠재 리스크를 잘 보여주고 있다. 그 내용은 다음과 같다. 18년 전에 발표된 유명 애니메이션 '심

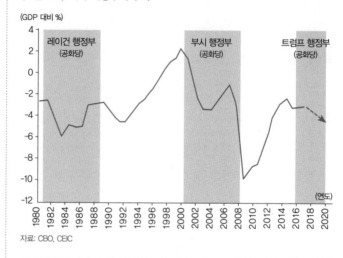

〈그림 1-3〉 미국 재정수지 추이

(GDP 대비 %)

레이건 행정부
(공화당)

부시 행정부
(공화당)

트럼프 행정부
(공화당)

(연도)

자료: CBO, CEIC

감세와 재정지출 확대를 중심으로 한 트럼프노믹스 추진으로 재정수지
적자 확대가 불가피할 전망이다. 과거 유사한 정책을 추진했던 레이건
및 부시 행정부 시절에도 재정수지 적자가 확대된 바 있다.

슨가족' 일화 중에 트럼프 대통령 당선 이후 막대한 재정수
지 적자로 미국경제가 파산되었다는 내용이 있다.

우연의 일치인지 모르겠지만 트럼프노믹스 정책의 부작
용으로 향후 재정수지 적자 확대를 우려하는 목소리가 이
미 커지고 있다. 트럼프노믹스와 유사한 대규모 감세정책
을 추진했던 1980년대 초반에 레이건 행정부와 2000년대
중반 부시 행정부는 재정수지 적자 확대의 부작용에 직면
한 전례도 있다. 레이건 행정부의 경우 레이건노믹스 후유
증, 즉 재정수지 및 경상수지 '적자 확대'라는 쌍둥이 적자

로 인해 1985년 플라자 합의를 촉발시킨 바 있다.

　과연 트럼프 행정부가 18년 전의 애니메이션 에피소드처럼 재정수지 확대와 금리 상승으로 미국경제를 위험에 빠뜨릴지 아니면 단순한 에피소드로 끝날지 지켜볼 필요가 있다.

플라자 합의

1985년 미국·프랑스·독일·일본·영국(G5) 재무장관이 뉴욕 플라자 호텔에서 정부의 외환시장 개입에 의해 미달러 가치를 일본 엔화와 독일 마르크에 대해 절하시키기로 합의한 것을 말한다.

위기의 판도라 상자가 열릴 수 있다

서브프라임으로 촉발된 금융위기가 발생한 지 근 10년이 경과되면서 세계경제는 다행스럽게 정상화되고 있다. 그렇지만 세계경제가 앓고 있는 병이 완전히 치유되지는 못했다. 서브프라임에 이어 유럽 재정위기, 중국 부채 리스크, 브렉시트 및 보호무역주의 등 세계경제를 위협하는 리스크가 잇따라 발생할 때마다 주요국의 중앙은행은 서둘러 정책금리를 인하하거나 유동성 공급을 통해 리스크 확산을 막는 데 급급했다.

　현재 시점에서 돌이켜보면 제로금리와 양적완화정책이 위기를 봉합하는 데 충분한 역할을 했지만 과연 위기를 완전히 해소시켰는지는 의문이다. 오히려 제로금리 장기화가 인식하지 못하고 있는 또 다른 위험을 양산하고 있는 것은 아닌가 하는 불안감이 든다. 이러한 잠재적 불안감은 시중금리 상승이나 중앙은행의 긴축 전환 움직임이 가시화될 때마다 금융시장 동요나 경제 충격으로 나타나고 있다.

2013년 5월에 버냉키 전 의장의 양적완화 축소 발언으로 이머징 금융시장을 중심으로 주가와 통화가치가 급락하는 사건이 일어났다. 이전에 사용하지 않았던 '긴축발작(taper tantrum)'이라는 새로운 용어마저도 출현했다. 글로벌 금융위기 이전에는 돌발적인 정책금리인상이나 시장 기대치를 상회하는 정책금리인상 폭 등으로 금융시장이 동요했다. 하지만 비전통적 통화정책인 양적완화정책이 추진된 이후에는 유동성 축소 시그널만으로 금융시장 내 긴장감이 고조되고 있다. 다가올 금리 상승 국면에서 긴축발작 현상이 더욱 빈발할 여지가 높을 수 있음을 의미한다.

과거 사례에서도 볼 수 있듯이 금리 상승 국면에서 예상치 못한 각종 위기들이 발생한 바 있다. 이전 사례보다 더욱 강하고 다양한 돌발 위기 상황이 나타날 가능성이 높다. 금리 상승 추세가 금융위기라는 판도라 상자를 여는 열쇠가 될 수 있음을 잊지 말아야 할 시기인 것이다.

글로벌 환경은 앞으로 빠르게 변화될 전망이다. 제4차 '산업혁명'이라는 새로운 경제 패러다임이 형성되는 동시에 10년 동안 이어진 저금리 시대가 막을 내리고 금리 상승 시대가 도래하고 있다. 물론 금리 상승이 부정적 현상만은 아니다. 경기가 좋아지면 자연스럽게 금리가 상승할 수

긴축발작

2013년 5월 벤 버냉키 전 미 연준 의장이 양적완화 축소를 시사하면서 촉발된 글로벌 금융시장 변동성 확대 현상. 특히 신흥국가 통화가치와 주가가 상대적으로 큰 충격을 받아 금융시장이 불안해지는 현상을 '긴축발작'이라고 불렀다.

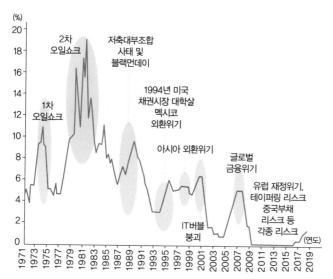

〈그림 1-4〉 미국 연방기금금리와 주요 위기

자료: Bloomberg, 필자 작성

> 역사적으로 글로벌 금융위기가 발생할 때마다 항상 미 연준의 정책금리
> 인상 사이클이 있었다. 이번에도 미 연준의 금리인상 사이클이 시작되면
> 서 새로운 위기가 발생할지 않을까 하는 불안감이 커지고 있다.

밖에 없기 때문이다. 그러나 이번 금리 상승 국면은 이전에
는 경험하지 못했던 양적완화정책 종료와 금리인상 사이클
이 동반된다는 측면에서 경제·환율·자산가격에 큰 영향
을 미칠 수 있다.

이러한 측면에서 이전 금리 역사를 다시 되돌아보고 금
리 상승으로 촉발될 수 있는 위험을 점검한다면 금리인상
발 위기에 조금은 선제적으로 대응할 수 있고, 향후 자산투

자 전략에도 도움이 될 것이다.

한국경제 역시 금리인상에 자유로울 수 없다. 한국경제의 잠재 뇌관인 가계부채와 일부 지역을 중심으로 부동산 가격 과열 현상은 글로벌 금리 상승 국면에서 한국경제를 위협할 수 있는 리스크다. 금리 상승 현상이 이제 더이상 먼 이야기가 아니다.

현재 시점에서 돌이켜보면
제로금리와 양적완화정책이 위기를 봉합하는 데 충분한 역할을 했지만
과연 위기를 완전히 해소시켰는지는 의문이다.

금리는 사람의 체온과 같다. 운동을 열심히 하거나 흥분을 하면, 또는 감기에 걸려서 체온이 올라가고 체력이 고갈되어 저체온증도 걸린다. 반면에 몸 상태가 정상적이라면 체온은 일정하게 유지된다. 금리 역시 마찬가지다. 경기과열 또는 신용위험이 높아지면 금리는 상승하고 경기가 침체되거나 물가 압력이 약화되면 금리는 하락한다. 결국 금리는 글로벌경제와 금융시장의 상태를 대변하는 지표다.

2장

금리는
무엇을 말하나?

금리의 역사를
4국면으로 살펴본다

경기에도 사이클이 있듯이 금리에도 큰 틀의 사이클이 있다. 대공황 이후 금리는 경기와 물가에 따라 4차례의 큰 변화를 보였다. 이제 금리는 5번째의 국면에 진입하고 있는 중이다.

새로운 변곡점을 맞이하는 금리

경제활동 혹은 투자를 하는 데 있어 여러 유형의 가격 변수들을 접하게 된다. 환율·주가·유가·금가격, 그리고 최근에는 가상화폐가격까지 매일 시시각각 변동하는 가격변수 중에 금리가 그 중심에 있다.

금리는 단순히 예금·대출에만 영향을 주는 것이 아니라 주택가격·주가 등 자산가격은 물론 환율 및 원자재 등 각종 가격 흐름을 좌우하는 변수 역할을 하기 때문이다.

미 연준 등 주요국의 중앙은행이나 한국은행이 다른 가격변수들보다 금리 하나만을 정책변수로 관리하는 이유는

〈그림 2-1〉 미국 10년 국채 금리와 주요 이벤트

자료: FRB, Bloomberg

미국 금리의 역사를 보면 시기별로 뚜렷한 특징을 가지고 있다. 경기가 부진할 경우에는 금리가 대세적 하락세를 보인 반면에 경기가 좋고 물가가 상승하는 국면에서는 금리가 추세적 상승세를 보였다. 글로벌 금융위기 이후 추세적인 하락세를 보이던 미국 금리가 경기회복과 물가 반등으로 변곡점을 맞이하고 있다.

금리가 경제 및 자산가격에 미치는 영향력이 매우 크기 때문일 것이다.

경제활동 전반에 중요한 영향을 주는 금리의 역사는 기원전부터 시작되었다. 기원전 1800년경 고대 바빌로니아 왕조 당시의 함무라비 법전에 금리와 관련된 내용이 언급되었다고 한다.

또한 채무자와 채권자에 관한 내용 중 곡식대출의 연간 최고 이자율은 33.33%이고, 은 대출은 연간 20%로 정해놓았다고 한다. 금리의 역사가 얼마나 오래되었고, 경제활동에 얼마나 중요했는지를 단적으로 보여주는 사례다.

시간을 거슬러 올라가 대공황 이후 금리흐름을 간단히 살펴보면 다음과 같이 크게 4국면으로 나눌 수 있다.

첫 번째, 대공황 이후부터 제2차 세계대전 종료 시점까지다. 금리가 추세적으로 하락하면서 소위 채권 강세장이 전개된 국면이다. 1920년 5% 초반대 수준이던 장기금리 수준은 1940년 초에는 1% 후반 수준까지 추세적으로 하락했다.

두 번째, 제2차 세계대전 이후부터 1981년까지다. 추세적인 금리 상승 국면, 즉 최대 채권 약세장이었다. 제2차 세계대전 이후 미국·독일·일본 등의 강한 경제 성장세와 물가 압력 확대가 동반되면서 장기금리가 두 자리 후반대 수준까지 상승했다. 특히 동기간에 브렌트우즈체제 약화로 기축통화인 달러 가치의 하락과 오일 쇼크로 인한 유가 급등은 스태그플레이션 현상을 촉발했다. 물가 급등으로 금리 역시 상승했다.

세 번째, 1981년 이후부터 금융위기까지다. 2차례의 오일쇼크를 거친 후 유가 안정과 IT 산업의 비약적 발전에 따른 생산성 개선, 선진국 경제의 성장률 둔화 및 글로벌 금

금리의 역사

시드니 호머·리처드실라, 「금리의 역사」, 리딩리더

융시장 개방 확대 등은 금리의 추세적 하락으로 이어졌다. 물론 1990년대 중·후반과 2000년대 중반에 일시적 금리 상승 국면이 있었지만, 금리의 대세 하락 국면에서 일시적 현상으로 평가할 수 있다.

네 번째, 금융위기 이후부터 현재까지다. 제로금리와 양적완화 시대로 통칭할 수 있는 국면이다. 1981년부터 시작된 금리 하락 국면의 연장선으로 볼 수 있지만, 금융위기 이후 금리는 다소 다른 특징들을 보여주고 있다.

우선, 주요 선진국의 정책금리가 제로금리 수준까지 동반 하락했고, 일부 국가의 국채 금리는 마이너스 금리 수준까지 추락하는 현상을 보였다. 더욱이 금리정책이 아닌 양적완화라는 통화정책이 금리흐름에 큰 영향을 주는 특징을 보여주었다.

이처럼 장기추세 흐름을 가지고 있는 금리흐름이 새로운 변곡점을 맞을 수 있는 시점이 다가오고 있다. 1981년 이후 전개되고 있는 금리의 대세 하락 국면이 마무리되면서 금리가 대세 상승 국면에 진입할지는 미지수다.

다만 제로금리와 양적완화정책이 종료될 시점이 다가왔고, 금리 역시 상당 기간 반등할 국면에 다가서고 있음은 분명하다.

국내 금리, 2016년 중반을 저점으로 반등중

국내 금리의 역사는 상대적으로 짧은 편이다. 정확히 말하면 긴 시계열의 금리 통계가 발표되지 않고 있다. 국내에서 공식적인 금리 통계를 쉽게 접할 수 있는 시점은 1980년부터이다.

1980년 초 이후 국내 회사채금리 추이를 보면 글로벌 금리 추이와 유사하게 대세 하락 추세를 보여왔다.

〈그림 2-2〉 국내 회사채금리와 국채 금리 추이

자료: 한국은행

1980년 이후 국내 회사채금리는 일부 시기를 제외하고 추세적으로 하락세를 보여왔으며, 특히 글로벌 금융위기 이후 정책금리가 최저 수준까지 인하되면서 회사채금리와 국채 금리 수준 역시 사상 최저치까지 하락했다. 그러나 최근 미국의 금리인상 영향으로 국내 시중금리도 반등세가 가시화되고 있다.

1997년 아시아 외환위기, 2008년 글로벌 금융위기로 인한 신용위기가 불거지면서 금리가 급등하기도 했지만, 추세적으로 보면 하락 기조가 이어지고 있다.

그러나 최근 들어 금리가 반등하기 시작했다. 2016년 중반 1.6% 수준까지 하락했던 회사채금리는 2018년 초에는 2.8%까지 상승했다. 국내 경기회복과 더불어 미국의 정책금리인상 등이 국내 시중금리의 중요한 반등 요인으로 작용한 것이다.

국내 금리가 추세적으로 상승세를 이어갈지는 불투명하다. 국내 잠재 성장률 둔화, 고령화 추세 등 저금리 압력이 작용하고 있지만 글로벌 경기회복과 미 연준 등 주요국의 중앙은행의 긴축 기조가 국내 금리의 상승 압력으로 이어질 수 있기 때문이다. 국내 금리 역시 중요한 변곡점을 맞이하는 것이다.

과거 10년간 국내 채권시장의 흐름

2004년: 대세 하락의 마무리 국면

• 내수 경기 부진을 초래했던 카드 버블 사태가 마무리되는 국면. 2004년에 두 차례 정책금리 인하가 진행되며 2000년부터 진행된 채권금리의 대세 하락 국면이 종결.

2005~2008년 중반: 대출 증가 억제 위한 기준금리인상기

• 기준금리인상 사이클: 2005년 12월 3.25%부터 기준금리인상을 시작해 2007년 하반기 5.25%까지 기준금리 인상 사이클 진행. 주택시장의 가격 상승 및 대출 증가에 대응하기 위한 금리인상의 사이클.

• 수급 약화: 2005년 국고채 발행물량 증가로 수급 여건이 약화되며 일시적으로 시장금리 급등. 2007년 이후에 주식시장 랠리로 인해 채권형 펀드에서 연간 24조 원 이상의 자금이탈.

• 시장금리 흐름: 금리인상을 선반영해 2005년 시장금리 급등 후 2006년부터는 오히려 발행 물량 감소 및 인플레이션 압력완화 등으로 하락 반전. 그러나 2007년부터 유가 상승에 따른 물가 상승, 부동산시장 안정대책 등으로 추가 금리인상이 진행되며 금리 상승.

2008년 9월~2010년 중반: 글로벌 정책공조하에 금리 인하기

- 금융위기 발발: 2008년 9월 리만사태 이후 글로벌 중앙은행들의 정책공조하에 기준금리 인하와 대규모 유동성 공급 진행. 2008년 10월 한 달간 100bp 금리 인하가 진행되었고, 2009년 2월까지 기준금리 2%라는 사상 최저치 수준까지 인하 진행.

- 외국인 자금 유입: 환율 상승 및 높은 대내외 금리 차로 외국인의 재정거래 유인 확대되며 외국인의 원화채 투자가 단기물을 중심으로 대규모 유입되기 시작.

- 시장금리 흐름: 초유의 금리 인하와 국내 주택가격 하락 및 대출 감소 등이 맞물리며, 시장금리는 단기 급락. 2009년부터 추가 금리 인하에 대한 기대 약화로 반등 시작했으나, 생각보다 더딘 경기회복으로 인해 시장금리는 재차 반락.

2010년 7월~2011년까지: 국내 통화정책 정상화 진행

- 대외보다 상대적으로 양호한 경기, 인플레이션(2010년 6월 2% → 2011년 6월 3.25%)을 기반으로 국내 통화정책 정상화 진행.

- 금리인상 진행에도 불구하고 풍부한 유동성을 바탕으로 수급 여건이 양호했고, 유럽 재정위기가 우려되며 부각되어 시장금리는 하락.

2012년 7월~2016년 6월: 국내 금리 인하기, 1%대 정책금리 시대

- 국가별 차별화된 통화정책 진행. 국내는 기준금리 인하 진행.

- 유로존의 LTRO 시행 등으로 유로발 금융시장 불안이 안정되고, 미국 경기는 개선되었으나 Spill-over 효과 제한으로 국내 경기는 예상보다 부진한 흐름이 지속됨.

- 2013년 미 연준의 테이퍼링 시행 경계로 일시적으로 시장금리는 급등했으나, 원화채권의 차별화 부각에 따른 수급 개선, 국내 금리 인하 등 통화완화정책 시행으로 금리는 사상 최저치까지 하락.

2016년 7월 이후~: 경기회복 및 인플레이션 기대를 기반으로 금리 상승

- 미 연준의 본격적인 통화정책 정상화와 국내의 통화정책 동조화 시작.

- 유가의 상승률 모멘텀 상승에 따른 기대 인플레이션 상승이 시장금리에 영향을 미친 데다, 미 연준의 통화정책 정상화 여파 등으로 글로벌 시장금리가 동반 상승하는 가운데, 국내 역시 금리 상승.

- 2017년 11월 금통위의 기준금리인상이 진행되면서 국내 통화정책 정상화 경계가 높아진 것도 시장금리 상승에 영향.

과거 10년간 미국 채권시장의 흐름

2004~2006년: 미국의 금리인상기

• 2004년 6월부터 2년간 미 연준의 정책금리가 1%에서 5.25%까지 지속적으로 진행. 시장금리는 금리인상 전에 선반영하며 충분히 상승한 상황으로 금리인상기에는 미국 국채 금리 상승이 제한.

2007년: 미국 서브프라임 사태 발발, 선진국 중앙은행 금리 인하 시작

• 금융위기 발발로 단기 금리가 급등하자 통화완화정책 시행.

• 미국 서브프라임 사태 발발로 단기금리가 급등하자 미 연준, ECB, 일본 등 주요 선진국들이 유동성 공급 등 통화완화정책을 시행. 2007년 9월 미 연준을 시작으로 금리 인하 사이클 진입.

2008~2009년: 글로벌 통화정책 공조, 비전통적 정책 시행 시작

• 2008년 12월 미 연준이 제로금리 수준까지 정책금리를 인하.

• 글로벌 신용경색이 심화되자 글로벌 통화정책 공조하에 선진국과 이머징 모두 금리 인하를 단행. 2009년 미

연준 MBS 및 국채를 매입하는 양적완화정책을 시작으로 금융시장 안정 및 경기부양을 위한 비전통적 정책을 도입함. 그 결과 시장금리가 점차 안정되기 시작하는 모습을 보임.

2010~2012년: 선진국의 비전통적 통화완화정책 적극 활용

- 미 연준의 제2차 양적완화, ECB의 국채매입 진행.
- 미 연준은 경기회복 지원을 위해 2, 3차에 걸쳐 QE를 진행하고, 보유채권의 듀레이션을 확대하는 오퍼레이션 트위스트(OT)도 동시 진행. 장기물금리가 안정되면서 경기회복 모멘텀이 점차 강화되기 시작.

2013~2015년 말: 미 연준의 출구 전략 시사, 국가별 정책 차별화 진행

- 양호한 경기회복을 기반으로 미 연준은 양적완화 축소 시사.
- 2013년 5월 미 연준의 양적완화 축소 시사로 글로벌 시장금리 단기 급등. 특히 외환 건전성이 취약한 이머징을 중심으로 시장금리가 급등하는 현상 발생.
- 2014년 들어 미국의 양적완화 축소가 시행된 후에는 오히려 글로벌 경기회복 지연으로 시장금리는 다시 하락.

2016년 7월 이후~: 경기회복 및 인플레이션 기대를 기반으로 금리 상승

- 유가 반등과 더불어 기대 인플레이션 상승을 반영하기 시작.

- 2016년부터 유가의 기저 효과를 반영해 인플레이션 지표가 상승하기 시작했고, 이는 기대 인플레이션 상승을 자극하며 시장금리 상승으로 연결.

- 미 연준의 금리인상이 동반되면서 전반적인 통화정책 정상화 경계까지 높아지며, 시장금리의 상승 압력이 높아짐.

금리를 보면
경기를 읽을 수 있다

금리 수준은 경기의 바로미터다. GDP 성장률에 따라 금리가 움직이기도
하지만 금리는 향후 경기흐름을 예고해주는 역할도 한다.

금리는 성장률의 거울

금리만 단순하게 보면 경기를 상상해볼 수 있다. 경기가 좋
으면 금리가 상승하고, 경기가 안 좋으면 금리는 하락하는
것이 통상적인 금리흐름이다.

금리는 돈을 빌린 대가로 지불하는 자금의 사용료인 이
자를 원금으로 나눈 비율이다. 즉 금리는 자금 사용료다.
따라서 경기가 좋아지면 투자와 소비를 위한 자금수요가
늘어날 수밖에 없어 자금 사용료는 당연히 상승할 것이고,
반면에 경기가 악화되면 자금수요가 줄어들어 자금 사용료
는 하락할 것이다.

그러나 꼭 경기와 금리가 동행하지는 않는다. 경기가 안 좋은데 물가만 상승하는 스태그플레이션 상황, 즉 제1차, 제2차 오일쇼크처럼 경기와 무관하게 물가 때문에 금리가 상승하는 경우도 있다. 반면 경기는 좋은데 물가가 안정세를 유지하는 소위 골디락스 국면에서는 경기 호황에도 불구하고 금리는 안정세가 유지되는 경우도 있다.

양적완화정책이 실시된 이후 최근까지 경제와 금리 간 상관관계가 약화되었다. 경기가 회복되고 있지만 중앙은행의 제로금리와 양적완화정책 같은 금리안정책으로 금리가 제대로 상승하지 않는 현상이 발생하고 있다.

이처럼 일부 예외적 사례도 있지만 금리는 경기를 대변하고 있다. 미국의 금리와 명목 성장률은 〈그림 2-3〉에서 볼 수 있듯이 높은 상관관계를 지니고 있다.

1930~2017년까지 약 88년 기간중 미국의 연평균 명목 GDP 성장률은 6.3%였고, 연평균 국채 금리(10년 기준)는 5.1%였다. 1980년 이후에는 명목 GDP 성장률과 국채 금리 간 격차가 더욱 축소되었다. 동기간 연평균 GDP 성장률은 5.4%였고, 연평균 국채 금리(10년 기준)는 6.0%였다.

이에 주목할 것은 1980년 이후에는 금리 수준이 명목 성장률을 소폭 상회했다는 점이다. 기간을 짧게 보더라도 명목 GDP 성장률과 금리는 비슷한 추세를 보여주고 있다. 2010~2017년중 연평균 명목 GDP 성장률과 국채 금리는

〈그림 2-3〉미국 명목 GDP 성장률과 유사한 추세를 보이는 금리

연평균 (%)	명목 성장률	국채 금리(10년)
1930~2017	6.3	5.1
1980~2017	5.4	6.0
2010~2017	3.8	2.4

자료: FRB, Bloomberg

> 금리와 높은 상관관계를 가지고 있는 변수는 명목 GDP 성장률이다. 글
> 로벌 금융위기 이전까지 금리와 명목 GDP 성장률은 유사한 수준을 기
> 록했지만, 2010년 이후 경기부양을 위한 저금리정책의 영향으로 금리
> 수준이 명목 GDP 성장률 수준을 하회하고 있다.

각각 3.8%와 2.4%를 기록했다.

성장률과 금리 간 역사적 추세에서 보듯이 금리는 성장률의 거울이라고 할 수 있다. 높은 상관관계와 함께 성장률이 둔화되면서 금리 수준 역시 추세적으로 낮아지는 것을 확인할 수 있다.

또 하나 주목할 특징은 명목 GDP 성장률이 금리 수준을 상회하는 국면이 있는 반면에 금리가 명목 GDP 성장률을 상회하는 국면도 있다는 것이다.

대공황 이후 1980년까지는 명목 성장률이 금리 수준을 상회했고, 1980~1990년까지는 금리가 명목 GDP 성장률 수준을 상회했다. 그리고 1990년대에는 명목 GDP 성장률과 금리가 유사한 수준을 기록했고, 2000년 이후에는 명목 성장률이 다시 금리를 상회하는 추세로 복귀했다.

시기별 명목 GDP 성장률과 금리 수준이 엎치락뒤치락하는 이유는 성장 모멘텀과 정책 차이를 들 수 있다. 대공황 이후 1980년까지 미국경제는 강한 성장모멘텀을 유지했다. 이 기간 금리가 추세적으로 상승했음에도 불구하고 명목 GDP 성장률 수준이 꾸준히 높아진 것은 성장모멘텀이 상대적으로 더욱 강했음을 시사한다.

그러나 1970년 중후반에 들어서면서 상황이 변화되었다. 제1~2차 오일쇼크에 따른 물가 상승 압력이 본격화되면서 미국의 통화정책이 물가안정에 초점을 맞추게 된다. 성장보다는 물가안정에 초점을 맞춘 고금리정책이 추진되면서 금리 수준이 명목 GDP 성장률 수준을 상회하게 된다.

이러한 현상이 1990년대에 들어서면서 IT투자 붐으로 성장모멘텀은 강화되고, 물가는 안정을 찾아가면서 금리가 성장 친화적으로 변화된다. 2000년대 이후 물가의 하향 안정과 자산가격 중심의 통화정책이 실시되면서 금리가 명목 GDP 성장률을 하회하는 현상이 이어지고 있다.

한국도 성장률이 금리를 결정하는 중요 변수

국내에서도 명목 GDP 성장률과 금리, 특히 회사채금리는 높은 상관관계를 보여주고 있다.

1980~2017년, 약 38년 동안 명목 성장률과 회사채금리는 비슷한 수준을 기록중이다. 동기간 연평균 명목 GDP 성장률은 11.3%, 회사채금리 10.4%였다.

한국의 성장률과 금리 추세는 IMF 외환위기를 기점으로 이전과 이후가 뚜렷한 차이를 보여준다. IMF 외환위기 이전에는 명목 성장률과 회사채금리가 비슷한 수준을 유지했지만, IMF 외환위기 이후에는 명목 GDP 성장률 수준이 금리 수준을 큰 폭으로 상회하고 있다.

특히 저성장과 저금리로 대변되는 2010년 이후에는 명목 GDP 성장률과 회사채금리 간 괴리폭이 더욱 확대되는 양상을 보여주고 있다.

국내 역시 물가안정세가 유지되면서 성장에 초점을 맞춘 통화정책이 추진되면서 성장률 수준을 크게 밑도는 금리흐름이 유지되고 있다.

결국 다소의 차이는 있지만 금리 수준은 성장률 수준에 의해 좌우될 수밖에 없고, 인플레이션 국면이 아니라면 단적으로 금리는 경기를 반영하는 거울이라고 평가할 수 있다.

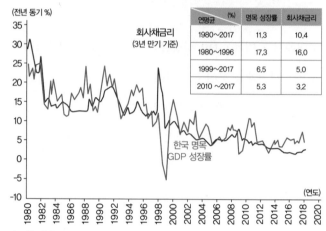

〈그림 2-4〉 한국에서도 금리는 경기를 설명해주는 바로미터 역할

연평균 (%)	명목 성장률	회사채금리
1980~2017	11.3	10.4
1980~1996	17.3	16.0
1999~2017	6.5	5.0
2010~2017	5.3	3.2

자료: 한국은행, Bloomberg

국내 금리와 명목 GDP 성장률간에도 높은 상관성을 보여왔다. 그러나 국내 경기의 저성장세가 고착되고 잠재 성장률이 낮아지면서 금리 수준이 명목 GDP 성장률 수준을 하회하고 있다. 금리정책이 물가보다는 성장에 초점을 맞추고 있음에도 금리가 명목 GDP 성장률을 하회하는 요인으로 작용하고 있다.

장단기금리 차이는 경기를 예고

금리가 경기를 대변하고 있다는 또 다른 근거로 장단기금리 스프레드(장기금리와 단기금리의 차)가 경기 사이클을 예고해주는 시그널 역할을 하고 있음을 들 수 있다.

장단기금리 차는 중앙은행의 통화정책, 향후 경기 전망 및 금융불안에 대한 리스크 등을 종합적으로 반영한다.

장단기금리가 축소 내지 역전된다면 경기가 둔화 혹은 침체 국면에 진입할 수 있다는 신호 역할을 한다. 현재의 경기를 반영하는 단기금리보다 향후 경기와 물가기대감을 반영하는 장기금리가 낮은 수준을 보인다는 것은 성장률 둔화 가능성이 높다는 점을 시사하는 것이기 때문이다.

미국 및 한국의 경기선행지수 구성항목 중에서도 장단기금리 스프레드는 높은 비중을 차지하고 있다. 그만큼 경기의 설명력이 높음을 의미한다.

〈그림 2-5〉 미국 장단기금리 스프레드와 GDP 성장률

자료: CEIC

역사적으로 장단기 스프레드, 즉 10년물 국채 금리와 1년물 국채 금리 간 금리 차 축소는 경기둔화 시그널로 해석된다. 1년물 금리가 현 성장 기조에 따른 정책금리 방향을 반영한다면, 10년물 국채 금리는 향후 성장과 물가 기대감을 반영한다. 결국 장단기금리 스프레드 축소는 향후 성장률과 물가 둔화 리스크를 시사하는 것이다.

글로벌 금융위기 이후 중앙은행들의 제로금리정책과 양적완화정책으로 인해 금리 수준이 경기를 제대로 반영하지 못하면서 장단기금리 스프레드의 경기 설명력도 이전에 비해 약화된 것은 사실이다.

그러나 중앙은행의 금리 등 통화정책이 정상화되면서 금리가 경제 현실을 충분히 반영할 가능성이 높아 장단기 금리 스프레드의 경기 관련 신뢰도 역시 재차 높아질 것이다.

금리는
물가와 신용리스크도 대변한다

금리는 멀티플레이어다. 경기를 대변하는 척도인 동시에 인플레이션 강도를 보여주는 경제 온도계다. 또한 국가, 기업, 정부의 신용도를 보여주는 명함이기도 하다.

물가는 금리를 춤추게 한다

금리는 성장률과 물가의 '함수'라고 할 수 있다. 앞서 명목 GDP 성장률과 금리가 높은 상관관계를 가지고 있음을 지적한 바 있다.

명목 GDP 성장률은 단순하게 설명하면 '실질 GDP 성장률+물가 상승률'로 해석할 수 있다. 즉 금리는 실질성장률뿐만 아니라 물가에 따라 움직이고 있음을 뒷받침한다.

실제로 〈그림 2-6〉에서 보듯 미국 소비자물가 상승률과 국채 금리는 수준의 차이일 뿐 거의 같은 추세를 보여주고 있다. 특히 과거 1970~1980년대 초에 스태그플레이션 당

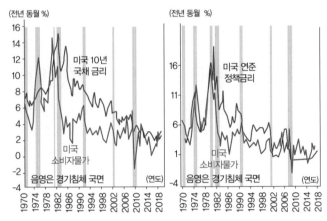

〈그림 2-6〉 미국 소비자물가흐름에 따라 움직이는 국채 금리와 정책금리

자료: CEIC, Bloomberg

성장률 수준과 더불어 금리 수준에 큰 영향을 미치는 변수는 물가다. 경기 호황으로 물가도 상승하면 금리 역시 동반 상승하는 것이 당연하다. 그러나 경기가 부진함에도 불구하고 물가가 상승하는 스태그플레이션 국면에서는 금리가 급등한다. 또한 과거와 달리 물가 상승률과 금리 수준 간 격차가 축소되는 추세이다.

시, 1990년 초에 걸프전 전쟁, 2008년 글로벌 금융위기 직전 등 소비자물가 상승률이 상대적으로 높은 수준을 기록했던 국면에서는 소비자물가 상승률과 시중금리가 거의 동일한 수준을 보였다.

주목할 것은 언급한 4차례 국면에서는 경기는 늘 침체에 빠졌다는 점이다. 즉 금리가 성장률과 물가의 함수이지만 물가 압력이 확대되는 국면에서는 성장률과 상관없이 물가 수준에 따라 금리가 민감하게 반응함을 의미한다. 물가가 상승하면 화폐 가치는 하락한다. 자금을 대출하는 입장이나 채권자 입장에서 물가 상승으로 화폐 가치가 떨어지는 것을 보상받기 위해서 높은 금리를 요구하게 된다. 물가 상승이 금리 상승으로 이어질 수밖에 없는 이유다.

또한 물가 상승 국면에서 금리가 상승하는 요인으로는 정책변수를 들 수 있다. 중앙은행은 물가가 상승하면 서둘러 금리를 올려 물가를 잡고자 한다. 자칫 물가 상승 압력이 확산되면 경기가 침체로 빠질 가능성이 높아지기 때문이다. 고금리정책을 통해 물가를 안정시키려는 정책 추진이 시중금리 상승 압력으로 작용한다.

역사적으로 미 연준의 금리정책은 물가흐름에 매우 민감한 반응을 보였다. 무엇보다 물가 상승 속도가 빨라지면 미 연준의 금리인상 속도도 빨라지는 경향이 있다. 미 연준이나 한국은행 등의 통화정책 목표가 물가안정에 있음을 되새겨볼 필요가 있다.

반면에 소비자물가가 상대적으로 안정세를 유지한 국면에서는 물가와 금리 간 상관성이 약화된다. 금리가 물가보다는 성장 흐름을 주로 반영하기 때문이다.

특히 저성장세와 저물가 현상이 본격화된 2010년부터는 물가 상승률과 시중금리(10년 국채 금리)는 거의 유사한 수준을 보이면서 등락을 하고 있다. 물가안정보다 경기부양과 자산가격 상승에 초점을 맞춘 중앙은행들의 제로금리

정책이 추진된 영향으로 해석된다.

그럼 최근의 상황을 보자. 미국의 경제회복과 함께 물가 상승률 역시 고개를 들기 시작하면서 정책금리인상 사이클도 시작된다. 시중금리 역시 이전보다 가파른 상승세를 보여주고 있다. 소비자물가 상승률이 미 연준의 목표치인 2%를 의미 있게 넘어 상승한다면 시중금리가 성장보다 물가리스크를 반영하면서 움직일 개연성이 높아진 것이다.

신용리스크는 금리를 차별화시킨다

동일한 은행에서 대출을 받을 때 사람마다 대출금리는 차이가 있다. 기업이나 국가 역시 마찬가지다. 낮은 금리로 회사채나 국채를 발행할 수 있는 기업이나 국가가 있는 반면에, 높은 금리 혹은 수십 %의 금리 수준에도 회사채와 국채를 발행할 수 없는 기업이나 국가도 있다.

이와 같은 금리 차별화는 신용도 차이에서 비롯된다. 채무의 상환 능력에 따라 개인, 기업, 국가별로 각자의 신용등급이 있고, 이 기준에 따라 금리 수준이 결정된다. 개인에게는 금융기관 자체의 기준에 따라 신용등급을 책정하고, 기업이나 국가는 신용평가사에서 신용등급을 결정한다.

'신용스프레드'라는 용어를 자주 접하게 된다. 신용스프레드는 신용리스크에 따라 발생하는 금리 격차와 수준으로 경기와 금융시장의 위험을 판단하는 중요한 척도로 이용된다.

신용등급 스프레드는 통상 채무불이행 가능성이 높은 투기등급채권 금리와 우량채권 금리 간 차이를 말한다. 또는 국가 신용등급이 낮은 투기등급 국가의 국채 금리와 미국 국채와 같은 우량채권 금리 간 차이다.

신용스프레드가 확대된다는 것은 투기등급 채권금리가 상승한다는 의미다. 즉 투기등급 기업이나 국가의 채무불이행 가능성이 더욱 높아져 돈을 빌리기 힘들어지고 있음을 시사한다.

이것은 경기상황이 안 좋거나 기업이나 국가의 부도 가능성이 높아지고 있는 시그널이다. 반면에 신용스프레드가 축소된다는 것은 경기가 좋아지면 채무불이행 가능성이 낮아져 돈을 쉽게 빌릴 수 있는 환경이 조성되었다는 것이다.

신용과 관련된 몇 가지 예를 들어보자. 유로존 국가들의 경우 ECB에서 결정되는 정책금리를 공통적으로 사용하지만 유로존 국가별로 국채 금리는 다르다. 독일 국채 금리 수준이 가장 낮고 프랑스 국채 금리, 그리고 스페인과 이탈리아 국채 금리 순으로 금리 수준이 높다. 동일한 정책금리를 사용하는데 왜 이렇게 국채 금리 수준은 다른 걸까?

그 대답은 국가 신용등급에 있다. 독일 국가 신용등급은

〈그림 2-7〉 미국 정책금리와 신용스프레드

자료: CEIC, Bloomberg

> 정책금리인상은 기업이나 가계의 부채 리스크를 자극하면서 도산 또는 파산 등의 신용리스크를 자극하게 된다. 특히 금리인상에 따른 신용리스 크 상승이 대부분 경기침체로 이어졌다.

최상등급(S&P社 기준으로 AAA)이고, 프랑스는 AA인 반면에 스페인은 A, 이탈리아는 BBB이다. 2010년 초반에 유럽재 정위기를 촉발시킨 그리스의 경우 현재 투기등급에 가까운 B등급을 유지하고 있다. 국가 신용도 차이가 금리 수준의 차이를 유발시키고 있다.

신용스프레드의 예를 들어보자. 신용스프레드는 위기시 마다 급등하는 현상을 보여준다. 최근에는 2008년 글로벌 금융위기, 유럽재정 위기시에 신용스프레드가 급등했던 사 례가 있다. 당시 일반 기업체는 물론 금융업체들도 파산하면서 신용경색 현상이 심화되었고, 경기 역시 침체 내지 둔화되었다. 신용스프레드 폭이 확대될수록 신용경색 및 경기침체 가능성이 높아지고 있음을 의미한다.

그럼 신용등급은 무엇에 의해 결정될까? 신용등급을 결정하는 변수는 다양하지만, 가장 중요한 것은 재무건전성이다. 채무상환 능력이 개인, 기업, 국가의 재무상태에 따라 결정되기 때문이다.

또한 정책금리 수준도 신용등급에 영향을 미치는 변수다. 정책금리 수준이 낮다면 경제 주체들은 상대적으로 손쉽게 차입을 할 수 있고, 채무상환 부담도 낮아진다. 반면에 정책금리가 인상되면 일부 개인, 기업, 국가는 채무상환 부담이 커질 수밖에 없다. 특히 정책금리인상 사이클이 지속될 경우 재무구조가 허약한 기업 및 국가는 채무부담으로 파산에 이르는 경우가 발생할 수도 있다.

이것이 바로 정책금리 사이클이 중요한 이유다. 그동안 제로금리정책과 양적완화정책은 모든 경제 주체들에게 채무부담을 낮추어주는 역할을 해주었고, 이를 위해 신용스프레드 역시 낮게 유지되었다.

그러나 금리인상 사이클이 본격화되고 양적완화정책마저 중단된다면 재무건전성이 취약한 기업이나 개인의 채무불이행 리스크는 높아질 수밖에 없다. 특히 저금리에 기댔던 좀비 기업 혹은 과도한 차입을 통해 투자를 했던 개인이나 투자자들의 신용리스크가 높아지는 것은 자명하다.

아직 정책금리 수준이 낮지만, 긴축 기조가 점차 강화되는 분위기를 감안할 때 신용스프레드가 점차 높아질 것으로 예견된다.

금리는
환율과 자금흐름에 영향을 준다

물의 흐름과 달리 돈은 낮은 곳에서 높은 곳으로 흘러간다. 저금리 현상의 장기화가 글로벌 자금의 금리 민감도를 높이면서 환율과 자산 간 또는 지역 간 자금흐름에 금리가 큰 영향을 주고 있다.

금리를 통해 환율을 알 수 있다

금리는 환율 흐름을 결정하는 중요 변수다. 성장률, 경상수지 등 여타 경제 지표와 더불어 금리는 각국의 통화 가치를 결정하는 중요한 변수다. 통상적으로 물은 높은 곳에서 낮은 곳으로 흘러가지만 돈은 높은 금리를 주는 쪽으로 흘러간다. 저금리 시대에 들어서면서 돈은 금리 수준에 더욱 민감하다.

기축통화인 달러 가치 역시 금리 수준에 따라 결정될 공산이 높다. 안전자산인 달러 금리가 높다면 자금은 달러자산으로 대규모 이동을 한다. 달러가 안전자산임에도 금리

마저 높게 준다면 더할 나위가 없기 때문이다.

최근 미 연준의 정책금리인상으로 한·미 간 정책금리가 큰 이슈로 대두되고 있다. 금리 역전으로 국내에 투자되어 있던 외국인 자금이 자칫 이탈하지 않을까 하는 우려 때문이다. 금리 역전으로 외국인 자금이 이탈, 즉 외국인이 국내 주식이나 채권을 팔아 자국으로 송금하기 위해 달러화를 살 것이고, 이는 원·달러 환율이 상승하는 현상으로 나타날 것이다. 즉 금리 차가 환율에 영향을 주는 것이다.

금리와 환율 간의 또 다른 예를 들어보자. 한국도 IMF 외환위기 당시 경험했지만, 위기 발생으로 자국 내 외국인 자금이 이탈하거나 외화자금 부족으로 통화 가치가 하락할 경우 일반적으로 사용하는 정책이 고금리정책이다. 고금리의 메리트를 제공함으로써 자금이탈을 막거나 오히려 외부 자금이 유입하도록 정책을 추진한다. 이머징 국가들이 자국 통화 가치를 방어하기 위해 자주 사용하는 외환정책이 바로 고금리정책이다. 물론 고금리정책의 후유증도 크다. 고금리로 인해 개인이나 기업들의 경제활동이 극도로 위축될 수 있기 때문이다.

물론 금리만으로 환율이 결정되지는 않는다. 미 연준의 정책금리인상으로 미국의 정책금리 수준은 여타 선진국인 유로 및 일본에 비해 크게 높은 수준이다. 그럼에도 불구하고 달러화 가치는 오히려 하락하는 현상도 나타나고 있다.

〈그림 2-8〉 주요 선진국간 금리 차도 환율을 결정하는 중요 변수

자료: Bloomberg

> 환율을 결정하는 변수로는 성장률 차, 경상수지 등도 있지만 금리 차 역
> 시 환율 결정에 중요한 변수로 작용하고 있다. 금리 차가 자금흐름의 변
> 화, 즉 자금이 고금리를 주는 방향으로 갈 수밖에 없어 환율에도 큰 영
> 향을 줄 수밖에 없다.

이 경우 달러화는 왜 금리에 반응하지 않을까? 금리 이
외의 트럼프 대통령의 정책 불확실성과 성장 모멘텀이 달
러화 가치에 크게 반영된 점을 우선 지적할 수 있다. 그리
고 통화정책 기대감도 달러화에 영향을 주고 있다. 정책금
리만 보면 달러화는 강세를 보여야 하지만 통화정책에 대
한 변화 기대감은 다르다. 즉 달러화가 미 연준보다 유럽중
앙은행과 일본은행의 향후 통화정책 변화에 초점을 맞추어
움직이고 있다. 현재의 금리 수준보다 향후 통화정책 변화
에 따른 금리 차를 환율이 선반영한 측면도 있다.

여하튼 통화정책을 대변하는 금리가 환율변동의 중요한

매개체 역할을 하는 것이 분명하다.

　달러·유로·엔화 등 주요 선진국 통화의 경우 금리 변수에 민감한 반응을 보이고 있다. 미 연준의 정책금리인상 사이클과 함께 유럽중앙은행과 일본은행도 양적완화정책 중단 등 통화정책 변경 가능성으로 금리의 변동성이 확대될 수밖에 없다. 이는 선진국 통화, 즉 환율의 변동성 확대를 예고하고 있다는 것이다.

금리, 환율과 자금흐름의 3각 관계

그레이트 로테이션

2012년 메릴린치 보고서를 통해 처음 사용된 용어. 미국의 통화정책에 따라 글로벌 자금이 채권시장 등 상대적으로 안전한 시장에서 빠져나와 위험 자산인 주식 및 원자재 시장으로 이동한다는 의미다.

그레이트 로테이션(Great Rotation), 안전자산 vs 위험자산, 달러화와 이머징자산은 자본시장에서 자주 사용하는 용어들이다. 공통적인 특징은 자금의 흐름을 표현하는 데 사용하는 '용어'라는 것이다. 그레이트 로테이션은 미국 통화정책 변화, 즉 금리 변화에 따라 채권시장에서 주식시장으로 자금이 이동하는 현상을 지칭한다. 좀더 광의로 해석하면 안전자산인 채권 또는 달러(혹은 금)에서 자금이 이탈해서 위험자산인 주식, 이머징자산과 원자재 시장으로 자금이 이동하는 현상이다.

　앞서 금리가 환율, 즉 달러화 흐름을 결정하는 변수 역할을 하고 있다고 언급했듯이 금리 변화에 따른 달러 추이는

〈그림 2-9〉 이머징 주가 등 위험 자산은 금리안정과 달러 약세 구간에서 강세

자료: Bloomberg

> 위험자산으로 평가되는 이머징 주가의 상승 국면에서 나타나는 주요 특
> 징은 미국 금리의 안정세가 유지되는 국면이거나 달러화가 약세인 국
> 면이다. 미국 금리 안정 또는 달러 약세 현상이 글로벌 자금의 위험자산
> 선호 현상을 자극시키기 때문이다.

글로벌 자금흐름을 결정한다. 달러화가 강세이면 안전자산
인 채권 혹은 미국 자산에 대한 투자 선호가 높아진다. 반
면에 달러화가 약세이면 이머징자산과 원자재 시장 등 위
험자산에 대한 투자 열기가 높아진다.

과거와 달리 글로벌 자금 이동이 자유롭고 투자 자산이
다양해지면서 금리와 환율 방향에 따라 자금이 급격히 이
동하는 경향이 강해졌다. 더욱이 금융위기 이후 제로금리
를 맞이하면서 다소의 위험이 있더라도 고수익률을 따라
이동하는 자금 규모가 큰 폭으로 늘어났다. 일례로 국내의

ELS
(Equity Linked Securities)

개별 주식의 가격 혹은 각
종 주가지수와 연계되어
수익률이 결정되는 파생
상품이다.

브라질 채권투자 붐이나 다소는 진정되었지만, ELS 투자 열기는 어떻게 보면 저금리 파장의 단적인 사례다.

금리·환율·자금흐름의 관계가 앞으로 더욱 중요해질 것으로 예상된다. 그동안 중앙은행들이 저금리 유지를 위한 강력한 통화완화정책을 실시했고, 물가도 낮은 수준을 유지하면서 글로벌 자금은 다소 쉬운 투자를 해왔다.

그러나 글로벌경제가 점차 저성장 국면에서 벗어나기 시작했고, 통화정책도 긴축으로 선회할 공산이 높아 금리·달러의 변동성이 확대될 전망이다. 글로벌 자금흐름도 안전하게 수익을 얻기 어려운 상황으로 가고 있다. 각종 자산시장에서 금리 변화로 글로벌 자금의 급격한 유출입 현상이 자주 목격되는 것이 더이상 특별하지 않을 것이다.

금리가 경기를 대변하고 있다는 또 다른 근거로
장단기금 리 스프레드(장기금리와 단기금리의 차)가 경기 사이클을
예고 해주는 시그널 역할을 하고 있음을 들 수 있다.

금리를 체온에 비유했듯이 글로벌 경기의 비정상적 흐름, 즉 뉴노멀 현상(저성장과 저물가)이 지속되면서 저체온증, 즉 저금리 현상 역시 고착화되었다. 그러나 저금리 현상을 성장과 물가만으로 설명할 수 없다. 위기의 치유보다 봉합에 급급했던 주요 선진국 통화정책의 후유증, 중국경제 성장의 급 브레이크 및 인구 사이클 등 저금리 현상을 뒷받침해주었다. 그리고 한국은 글로벌 저금리 현상의 축소판이라고 평가할 수 있다.

3장

저금리 현상에
대해 논하다

저금리정책이
장기화된 이유들

금융위기 이후 주요국 중앙은행은 금융위기의 원인을 근본적 수술을 통해 치유하기 보다 봉합에 주력하는 통화정책을 실시해왔고, 그 부작용으로 글로벌경제는 '양적완화'라는 통화정책의 진통제를 끊지 못하고 있다.

글로벌 경기, 일본화를 우려

서브프라임 사태로 촉발된 글로벌 금융위기는 예상 외로 글로벌경제에게 깊은 상처를 안겼다. 주택모기지 관련 파생상품으로 미국의 대형 투자은행인 베어스턴스와 리먼브러더스가 파산하면서 공포는 극에 달했다. 곳곳에서 연쇄 파산사태가 발생했고, 글로벌경제가 1920년대 같은 대공황에 빠지지 않을까 하는 우려가 확산되기도 했다.

다행히 미국 등 각국의 정부 구제금융 자금 투입과 적극적인 통화완화정책으로 대공황 같은 위기는 넘길 수 있었지만, 글로벌경제는 금융위기 이후 뉴노멀 국면에 진입하

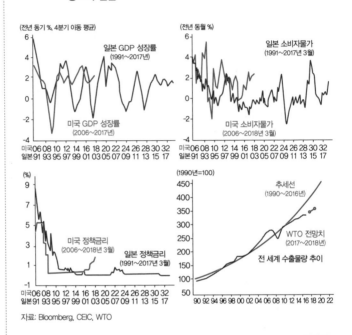

〈그림 3-1〉 2008년 금융위기 직후 미국 등 글로벌경제의 일본화(디플레이션) 공포가 엄습

자료: Bloomberg, CEIC, WTO

글로벌 금융위기 이후 저성장과 저금리 현상이 일반화되면서 미국경제는 물론 주요국 경제가 1990년대 일본경제와 같이 장기 저성장 국면, 즉 디플레이션 국면에 진입할 수 있다는 우려감이 팽배해졌다. 이에 따라 미 연준, ECB 등 주요 중앙은행들이 디플레이션 리스크 차단을 위해 적극적인 통화완화 정책을 추진하게 되었다.

게 된다. 금융위기 이전의 고성장 흐름이 아닌 고실업률, 고부채 등으로 인한 저성장 및 저물가 현상이 글로벌경제의 기준이 되었다.

특히 1990년대 버블 붕괴 이후 일본경제가 보여주었던 디플레이션 혹은 장기 침체에 늪에 빠질 리스크가 실제로 커졌다. 〈그림 3-1〉에서도 볼 수 있듯이 2008년 글로벌 금융위기 직후 수년간 미국경제는 1990년대 버블 붕괴 이후의 일본 경기의 모습을 답습했다. 성장 수준이 낮아지고 강력한 부양정책에도 불구하고 저물가 현상이 지속되면서 일본화되는 것이 아닌가 하는 우려감이 높아졌다.

미국뿐만 아니라 유로경제도 2010년대 초반 유럽 재정위기를 다시 겪으면서 성장에 대한 희망이 크게 상실되었다. 여기에 2000년대 중후반 글로벌경제에 강력한 성장 모멘텀을 제공했던 중국경제마저 과잉투자와 과잉부채로 인해 구조조정정책을 강화하면서 글로벌경제는 일본화, 즉 디플레이션 리스크를 수년간 벗어나지 못했다.

이 과정에서 글로벌 수요 급감은 세계교역 규모를 급감시켰다. 수십 년간 볼 수 없었던 현상이 나오면서 이머징경제 역시 크게 흔들리는 양상을 보였다. 선진국은 물론 이머징 경제가 깊은 저성장의 늪에 빠지게 된 것이다.

저금리 장기화, 그리고 중앙은행의 선택

금융위기로 글로벌경제 내 디플레이션 리스크가 높아지기 시작하자 미 연준 등 선진국 중앙은행들은 서둘러 정책금리를 제로 수준까지 인하하고, 양적완화정책이라는 비전통적 통화정책을 동시 다발적으로 실시하게 된다.

중앙은행들이 양적완화라는 비전통적 통화정책, 즉 유동성 정책을 추진할 수밖에 없었던 것은 자칫 정책 대응이 늦어질 경우 정말 일본경제처럼 장기 디플레이션 국면에서 벗어나기 힘들다는 위기감에서 비롯되었다. 일본은행도 제로금리정책과 양적완화정책을 추진하지 않은 것은 아니다. 다만 버블 붕괴 이후 초기에 미온적 정책 대응으로 일본경제가 장기 불황에서 빠져나오는 데 별다른 기여를 하지 못했다.

한 가지 궁금증이 드는 것은 위기에 대한 처방이다. 아시아 외환위기 등 이머징 혹은 선진국 경제가 부채 리스크, 버블 붕괴로 심각한 위기에 직면하면 IMF 등은 고금리정책 추진을 권고하는 사례가 많았는데, 왜 글로벌 금융위기 당시에는 고금리정책이 아닌 제로금리정책이 추진되었을까 하는 의구심이다.

이에 대해 정확한 답을 하기 어렵지만 부채 리스크가 워낙 광범위했기 때문에 자칫 고금리정책이 위기 해소보다 충격의 장기화하는 부작용을 촉발할 수 있다는 우려감이 반영된 것이 아닌가 하는 생각이 든다.

미국의 경우 주택 붐으로 인해 가계부채가 이례적으로 급증했고, 금융기관들은 주택모기지 채권을 활용한 엄청난 규모의 파생상품을 팔았다. 만약 위기를 해소하기 위해 고금리정책을 추진했다면 앞서 말한 2개의 금융기관 파산이 아니라, 가계의 연쇄 파산으로 미국 금융시스템이 크게 흔들리는 양상이 전개되었을지도 모른다. 대공황과 유사한 사태가 발생할 수도 있었다. 즉 미 연준 등 주요 선진국 중앙은행은 고금리를 통한 충격요법의 파장이 수습 불가능할 수 있다는 판단하에 파산보다는 회생에 중점을 두어 제로금리 및 양적완화정책을 선택한 것으로 해석된다.

또 하나, 제로금리 및 양적완화정책이 장기화될 수밖에 없었던 것은 경기회복의 동력을 투자보다는 자산가격 상승에서 찾고자 했기 때문이다. 중국을 중심으로 한 글로벌 과잉투자로 인해 제로금리정책만으로 투자 활성화를 기대하기는 힘든 여건이었다. 오히려 제로금리정책이 자산가격 상승을 통해 경기회복 동력을 마련하는 것이 중앙은행 입장에서 좀더 손쉬운 선택이었다. 제로금리의 장기화로 부채 리스크를 연착륙시키는 동시에 자산가격 상승을 통해 경기회복이라는 두 마리 토끼를 잡기 위한 중앙은행의 판단으로 여겨진다.

다만 저금리정책으로 좀비 가계, 기업 및 국가들이 회생할 수 있는 기회를 잡게 되었지만, 회생까지는 상당한 시간이 소요되면서 아직까지도 미국을 제외한 유럽중앙은행과 일본은행은 제로금리정책을 포기하지 못하고 있다.

줄지 않은 부채도 저금리의 원인

금융위기를 촉발한 중요 요인 중 하나는 부채다. 이에 주요국 정부와 통화당국은 부채를 축소하기 위한 디레버리징 정책을 추진한다. 그러나 부채 축소, 즉 디레버리징정책의 효과에 대해서는 의문이 든다. 오히려 부채 리스크의 전염을 막기 위한 저금리정책과 재정정책을 강화하면서 부채가 늘어났기 때문이다. 2007년 말에 GDP 대비 210.2% 수준이었던 전 세계 부채 규모(금융부문 제외)는 2017년 9월에 244.7%까지 상승했다. 디레버리징정책 효과를 무색게 하는 수치이다.

그럼 디레버리징정책에도 불구하고 전 세계 부채는 왜 증가했을까? 다음과 같이 크게 3가지 이유를 들 수 있다.

첫 번째, 부채의 이전 효과다. 금융위기를 치유하는 과정에서 금융기관에 대한 구제금융 등을 제공했고, 이 과정에서 가계부채가 정부부채로 이전되었다. 2008년 3월 가계부채 규모는 GDP 대비 66.8%였지만 2017년 9월 말 기준으로 62%로 4.8%p 감소되었다. 반면에 정부부채는 동기간 64.7%에서 86.2%로 21.5%p 증가했다. 가계부채 중 일부가 정부부채로 이전되었음을 알 수 있다. 즉 실제로 부채는 줄어들지 않고 부채의 주체만 변경되었다.

두 번째, 재정정책 확대의 부작용이다. 대표적으로 중국

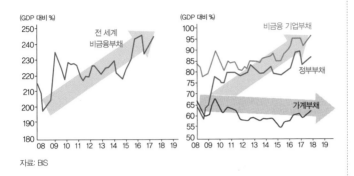

〈그림 3-2〉 금융위기 이후 부채 축소보다는 부채만 이전

자료: BIS

서브프라임으로 촉발된 글로벌 금융위기가 부채 리스크에서 촉발되었지만, 오히려 글로벌 금융위기 이후 전 세계 부채 규모가 기하급수적으로 증가하면서 부채 리스크가 새로운 위기의 씨앗이 되고 있다.

정부는 4조 위안 규모의 대규모 재정을 동원한 경기부양책을 실시했고 정부부채는 증가했다. 유로존 역시 가계부채의 정부 이전과 대규모 재정정책의 추진 후유증으로 2010년대 초반 재정위기의 홍역을 앓는 등 정부부채가 큰 폭으로 증가하게 된다.

세 번째, 기업들의 레버리징 효과다. 특히 이머징 기업들을 중심으로 한 저금리 효과로 과도하게 부채를 차입함으로써 전체 부채가 증가하는 부작용을 초래했다. 더욱이 앞서 지적한 바와 같이 중앙은행들이 기업들의 대규모 파산 등을 동원한 강력한 구조조정정책을 추진하기 보다는 추가 부채 리스크 확산을 막기 위해 좀비 기업들을 연명시키는 정책을 추진함으로써 기업부채가 증가하게 되었다.

이처럼 초기 부채를 줄이기 위한 디레버리징정책에도 불구하고 저금리정책과 경기부양책은 부채를 오히려 증가시키면서 중앙은행들로 하여금 금리인상 등 긴축 기조로의 선회를 어렵게 만드는 결과를 초래했다. 결과적으로 저금리 기조가 지속될 수밖에 없는 환경이 글로벌경제 내 확산된 것이다.

중국경제, 신창타이정책이
나온 배경

성장 주도 일변도의 정책이 부작용을 낳기 시작하면서 중국 정부도 과잉
투자나 부채 리스크 해소를 위해 구조조정과 중속 성장으로 대변되는 신
창타이정책을 추진하게 되었다.

중국경제의 패러다임 전환

중국의 경제 · 성장 패러다임 전환 역시 글로벌 저금리 장기
화에 큰 영향을 미쳤다. 2000년대 중후반 고정투자를 중심
으로 한 중국경제의 고도 성장은 중국 붐으로 지칭되면서
각종 과열 · 과잉 현상을 잉태했다. 특히 글로벌 제조업 내
과잉투자 리스크를 초래하는 주된 역할을 했다. 한때 중국
의 고정투자 증가율은 50% 수준을 넘나드는 투자 빅사이
클을 형성했고, GDP 성장률은 10% 이상을 기록했다.

중국의 꺼지지 않을 것만 같았던 붐은, 특히 고정투자 빅
사이클은 결국 2010년대에 4조 위안의 경기부양책과 맞물

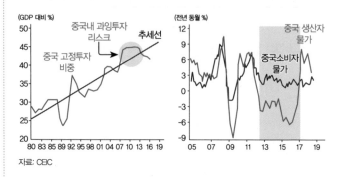

〈그림 3-3〉 과잉투자로 2010년대 초반 이후 디플레이션을 수출한 중국

자료: CEIC

중국경제가 과도한 경기부양책의 후유증과 글로벌경제의 저성장 등으로 인해 과잉투자 부담에 시달리고 있다. 과잉투자로 인해 중국 생산자물가가 장기 마이너스 상승률을 기록하는 등 과잉투자 부담이 아직도 중국경제에 부담으로 작용하고 있다.

리면서 중국경제, 더 나아가 글로벌경제에 '과잉투자'라는 부메랑으로 돌아왔다. 금융위기를 거치면서 글로벌경제가 중국산 제품을 더이상 소비해주지 못하면서 중국은 과잉투자와 과잉부채 늪에 빠지게 되었다.

시진핑 국가 주석이 집권하면서 고성장을 포기하고 중속성장, 즉 신창타이와 공급개혁(구조조정)정책을 추진할 수밖에 없었던 것은 과잉투자와 과잉부채를 방치할 수 없는 절박한 이유 때문이다. 문제는 경착륙 수준에 가까운 중국 고정투자 사이클 둔화가 중국은 물론 글로벌경제의 저성장 압력으로 2010년 초 이후에 작용했다는 점이다.

투자 사이클의 둔화는 당장 원자재가격 급락과 이에 따

른 이머징 경기의 둔화 압력으로 이어졌다. 중국 붐을 기대하고 차입을 통해 고정투자를 확대했던 이머징경제에도 커다란 부담이 되었다. 또한 한국과 같이 중국의 생산 및 투자활동의 서프라이 체인(supply chain: 상품의 연쇄적인 생산 및 공급 과정) 상에 있었던 경제 역시 수출 부진과 이에 따른 과잉투자 부담으로 역시 고통을 받을 수밖에 없었다. 중국경제가 과잉투자로 기침을 하면서 글로벌경제가 큰 중병을 앓기 시작한 것이다.

중국, 디플레이션을 수출

중국은 세계의 공장 역할을 하고 있어 글로벌물가에 미치는 영향도 크다. 중국 내 물가 압력이 높아져 수출제품 가격이 상승하면 글로벌물가 역시 상승 압력을 받고, 역으로 중국 내 물가 압력의 둔화로 수출제품 가격이 하락하면 글로벌물가 역시 하락하는 경향이 짙다. 중국은 인플레이션 수출국이자 디플레이션 리스크 수출국이다.

2000년대 중반부터 2010년 초반까지 중국은 인플레이션 수출국이었지만, 2010년대 초반 이후 중국경제의 과잉투자 압력으로 디플레이션 수출국으로 전환한다.

중국 내 제품가격을 대변하는 생산자물가 상승률은 2012년

3월 마이너스 증가율로 하락한 이후 2016년 8월까지 54개월 연속 마이너스 생산자물가 상승률을 기록했다.

글로벌물가가 저물가에서 벗어나기 힘들 수밖에 없는 환경이 조성된 것이다. 생산자물가는 단순하게 해석하면 공장에서 출하하는 제품가격이다.

공장에서 출하되는 제품가격이 하락하는 이유는 수요가 부진하거나 공장에서 생산한 제조품을 싸게 많이 팔기 위해서다. 동일한 제품을 생산하는 기업들이 과도하게 많은 '공급과잉' 상태일 때도 제품가격은 하락한다.

이 상황이 2010년대 초반 이후 중국을 중심으로 실제로 나타났다. 경기둔화에 따른 수요 부진이 현실화되면서 중국을 중심으로 글로벌경제 내 과잉투자 리스크가 부각되었고, 이는 생산자물가의 장기 하락 추세로 이어진 것이다. 단적으로 글로벌경제가 미약하지만 디플레이션 국면에 빠졌던 것이다.

이처럼 디플레이션 리스크가 확산되는 상황에서 금리가 상승하기 어려웠고 오히려 디플레이션 리스크 우려로 저금리 상황이 고착되었다. 이전과 달리 미 연준이 통화정책을 결정할 때 중국경제를 언급하기 시작했다. 중국경제가 글로벌경제에 미치는 위상을 보여준다.

주변에 사람이 모여드는 말 습관
이쁘게 말하는 당신이 좋다

임영주 지음 | 값 15,000원

말의 원래 모습을 잘 살려 따뜻한 삶을 살고 싶은, 이쁘게 잘 말하고 싶은 사람들을 위한 공감의 책이다. 특히 주변 사람들로부터 "말 좀 제발 이쁘게 하지?"라는 말을 한 번이라도 들어본 적 있다면 이 책을 꼭 읽을 것을 권한다. 한 번뿐인 소중한 인생, 우리모두 '성질'과 '성격'대로 마구 말하는 것이 아니라 '인격'으로 다듬어 말하는 사람, 즉 이쁘게 말하는 사람이 되어보자. 말은 우리의 모든 것이기 때문이다.

성공과 운을 부르는 목소리 만들기 프로젝트
일과 관계가 술술 풀리는 목소리의 비밀

이서영 지음 | 값 15,000원

대화에서 목소리의 쓰임은 굉장히 중요하다. 설득력을 발휘해야 하는 상황에서 목소리를 효과적으로 활용한다면 원하는 방향으로 술술 풀리게 할 수 있다. 오랫동안 커뮤니케이션 전문가이자 목소리 코치로 활동해온 저자는 목소리도 홈트레이닝을 할 수 있도록 실제 강의를 듣는 것처럼 쉽게 써내려갔다. 자신감을 가지고 이 책으로 당신의 목소리를 고쳐보자. 단기간 내에 분명히당신의 목소리는 매력적으로 달라질 것이다.

마음에 꽂히는 스피치의 정석
사람들 앞에서 쫄지 않고 당당하게 말 잘하고 싶다

박지현 지음 | 값 15,000원

이 책은 말하기를 두려워하는 이들에게 떨지 않고 쫄지 않고 말을 할 수 있도록 노하우를 알려준다. 자신의 분야에서는 전문성을 인정받고 있음에도 발표만 하면 멘붕에 빠지는 사람들, 말의 표현력 앞에서 답답함을 느끼는 사람들, 결정적 순간에 할 말이생각나지 않는 사람들에게 꼭 필요한 책이다. 저자가 겪었던 여러 가지 시행착오들과 경험, 그리고 체득한 노하우를 바탕으로말의 준비과정과 기억과정, 표현방법에 대해 알려준다.

어떻게 해야 이쁘게 말할 수 있을까?
행복을 부르는 기적 같은 말의 힘
말의 향기는 천리만리 퍼져나간다

이쁘게
말하는
당신이
좋다

임영주 지음 | 값 15,000원

말의 원래 모습을 잘 살려 따뜻한 삶을 살고 싶은, 이쁘게 잘 말하고 싶은 사람들을 위한 공감의 책이다. 특히 주변 사람들로부터 "말 좀 제발 이쁘게 하지?"라는 말을 한 번이라도 들어본 적 있다면 이 책을 꼭 읽을 것을 권한다.

아이의 자존감을 키우는 엄마의 대화법
우리 아이를 위한 자존감 수업

임영주 지음 | 값 15,000원

이 책은 아이의 자존감을 키워주는 대화법에 대해 다룬 자녀교육 지침서다. 유아교육 현장에서 다양한 저술과 강연 활동을 해온 부모교육 전문가인 저자가 그동안의 경험으로 터득한 노하우를 이 책 안에 담아냈다. 아이의 행복을 위해 부모가 해야 할 가장 중요한 과업은 아이의 자존감을 북돋워주는 것이다. 이 책을 통해 엄마와 아이의 자존감을 함께 높이고, 아이의 마음까지 보듬어주는 대화법을 배워보자.

성교육이 우리 아이의 미래를 결정한다
우리 아이의 행복을 위한 성교육

김영화 지음 | 값 15,000원

이 책은 왜 유아기부터 성교육이 시작되어야 하는지 그 이유를 설명하고 있다. 저자는 유치원에 다닐 때부터 남녀 신체부위의 차이를 가르칠 것을 강조한다. 아이가 성에 관한 궁금한 질문을 할 때가 가장 좋은 성교육의 기회다. 아이 앞에서 성과 관련된 이야기를 나누는 게 왠지 쑥스럽다는 이유로 외면하거나 대충 말하면 안 된다. 아이의 성교육에 무지한 부모라면 이 책을 읽고 지금 당장 아이와 성에 대한 이야기를 유쾌하게 나누자.

딸이 엄마와 함께 사는 법
엄마와 딸 사이

곽소현 지음 | 값 15,000원

엄마와 딸의 갈등 원인과 해결 방법까지 다룬 심리 책이 나왔다. 딸에게 있어 가장 벗어나고 싶으면서도 인정받고 싶은 존재는 바로 엄마다. 역설적으로 딸에게 엄마는 가장 친한 친구이기도 하다. 심리치료 전문가인 저자 곽소현 박사는 20여 년간 상담현장에서 많은 딸을 만나며 모녀 사이의 갈등 해결법을 터득했다. 저자는 자칫 복잡할 수 있는 내용을 영화, 시, 그림을 통해 이해하기 쉽게 설명한다.

착한 사람들이 힘들어하는 9가지 이유
나는 좋은 사람이기를 포기했다

듀크 로빈슨 지음 | 값 15,000원

저자는 진정으로 좋은 사람이 되기 위해 자신을 당당하고 솔직하게 털어놓는 연습을 할 것과 보다 당당하고 솔직한 진짜 나로 살아갈 것을 지 못해 힘들게 살아가는 사람들은 온전한 아갈 수 없다. 이 책을 통해 내 안에 웅크리 아이의 실체를 똑바로 알고, 왜곡된 사고의 터득할 수 있을 것이다.

나는 걱정 없이 둔감하게 살기로 했다
걱정 내려놓기

강용 지음 | 값 15,000원

걱정이 많은 사람들을 위한 심리처방서다. 자는 걱정을 하는 것이 꼭 나쁜 일만은 아니 개선해야 한다고 말한다. 자신의 문제만 바 커지지만 자기 자신 문제의 원인을 찾고 변 정과 불안은 자신에게 긍정적인 역할을 한다 한 내 인생을 위해 걱정을 내려놓기로 결심한 마음을 들여다보고, 걱정을 승화시켜 행복한

관계의 99%는 감정을 알고 표현하는 것이
나도 내 감정과 친해지고 싶다

황선미 지음 | 값 15,000원

감정에 휘둘리지 않고 내 감정과 친구가 되 하게 살고 싶은 사람들을 위한 인생지침서 자는 감정에 대해 제대로 알고 친해지는 은 인간이 가진 다양한 감정 중에서도 일상 화·공허·부끄러움·불안·우울에 대해 이 그 자체는 문제가 아님을, 핵심은 감정에 잘 받아들이는 데 있음을 말한다.

전 세계 인구 사이클과
저금리의 관계

저물가 기조의 구조적 원인으로 주요 선진국의 인구 고령화 추세도 빼놓을 수 없다. 1990년대 일본의 저성장과 저물가, 그리고 저금리 현상도 급격한 '고령화'라는 인구 사이클에서 비롯되었다.

고령화되는 선진국

1990년대 일본경제가 장기 경기부진 혹은 디플레이션 리스크에 빠진 원인 중 하나로 '인구 사이클'이 자주 거론된다. 일본의 급격한 고령화가 생산활동을 약화시키면서 성장 및 물가 둔화 압력으로 이어졌다는 것이다.

특히 고령화가 디플레이션 압력을 높였다고 주장한다. 아무래도 고령층은 물가에 큰 영향을 미치는 내구재 소비 등 소비보다 저축 확대를 통해 노후를 대비하는 경향이 높다. 소비가 부진하다면 이는 물가에는 부정적, 즉 둔화 압력을 높인다.

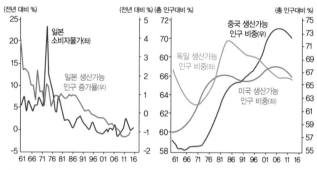

〈그림 3-4〉 1990년대 일본과 같이 고령화 사회에 동시에 진입한
유럽·미국·중국

자료: 세계은행, CEIC

> 글로벌 저성장과 물가 둔화 추세의 주된 요인 중 하나로 인구 사이클이
> 지적되고 있다. 과거 일본경제 사례에서 보듯이 인구 고령화는 추세는
> 주요 선진국의 잠재 성장률 둔화와 낮은 물가 상승률 둔화 압력으로 이
> 어질 공산이 높아지고 있다.

실제로 1990년대 일본경제 부진은 버블 붕괴에 따른 후
유증도 있지만 소비 부진이 경기 부진 장기화의 큰 원인으
로 작용했다. 일본경제 회생을 위한 아베노믹스의 핵심 정
책 역시 소비 확대와 물가 상승이 주된 목표라는 것이 고령
화에 따른 일본경제의 현실을 대변해주고 있다.

공교롭게도 선진국의 고령화 현상이 금융위기를 전후로
더욱 가속화되었다. 이미 EU국가의 고령화 현상은 금융위
기 이전에 진행형이었지만 금융위기 이후 더욱 가파르게
진행되었고, 미국 역시 금융위기 이후를 기점으로 고령화

가 가속화되는 양상이다.

또 한 가지 재미있는 사실은 전 세계에서 인구가 가장 많은 중국마저도 고령화 사회로 점차 진입하고 있다는 것이다. 중국 생산 가능 인구(15~64세) 비중은 2010년 초반을 고비로 감소하고 65세 이상 인구비중이 빠르게 늘어나고 있다. 1970년대 산아제한 조치가 도입된 이후 소위 한 세대(30년)가 경과하면서 중국도 예상보다 빠른 고령화 사회로 진입한 것이다.

'금융위기'라는 악재와 더불어 인구 사이클이라는 구조적 요인이 맞물리면서 2010년대 초반 이후 글로벌경제가 예상보다 심각한 저물가와 저금리 상황에 빠지게 되었다.

고령화가 왜 저금리 압력인가

고령화 추세가 저금리 압력을 높여주는 통로는 물가와 부채다. 앞서 설명한 바와 같이 고령화 추세는 구조적으로 물가 압력을 둔화시켜 준다. 고령층 인구가 많아질수록 전체 경제 내 소비활동이 약화되고, 생산 측면에서도 고령층 인구를 자동화가 대신해줄 수밖에 없다. 물가 압력이 낮아지면 저금리 현상도 지속된다.

물가 이외에 고령화 진전에 따른 부채, 특히 정부 부채의 증가도 저금리 압력이다. 고령층 인구가 늘어갈수록 연금, 의료비 등 사회보장 관련 정부 지출은 늘어가는 것은 당연하다. 생산 가능 인구 세대가 고령층의 사회적 비용을 상당 부문 충당하겠지만 고령화 비중이 높아질수록 이 역시 한계를 맞이한다.

유럽 재정위기 역시 고령화 현상과 무관하지 않다. 고령화 등에 따른 사회보장 관련 지출 확대가 재정의 압박을 주면서 마침내 재정위기까지 전이된 것이다. 특히 상대적으로 고령화가 빠르게 진행된 남유럽국가들이 공교롭게 재정위기의 직격탄을 맞이했다.

미국 역시 사회보장관련 부채가 상당한 규모이다. 헨리덴트의 저서를 보면 미국의 총 부채를 합하면 총 127.5조 달러이며, 이 중 사회보장제도 기금 부족분은 66조 달러로 전체 부채의 절반을 차지한다고 밝히고 있다. 이처럼 선진국을 중심으로 고령화 사회가 급속히 진척되면서 정부의 사회보장 관련 지출 역시 동반 급증하면서 정부 부채가 예상외로 확대되는 등 주요국 정부가 빚을 걱정해야 하는 단계에 이르렀다. 따라서 부채 부담이 큰 정부 입장에서 금리 상승이 달갑지 않은 것이 사실이다. 정부 부채가 꼭 저금리 현상의 식접적 영향은 아니지만 간접적으로 저금리 현상에 영향을 미치고 있다는 여겨진다.

헨리덴트

헨리덴트, 『2019 부의 대절벽』 청림출판

한국은
글로벌 저금리 현상의 요약판

1999년 정책금리 도입 이후 정책금리가 2016년에는 1.25%로 사상 최저치로 하락했다. 글로벌 저금리 추세에 한국도 예외는 아니었다. 저금리 원인도 글로벌 원인과 많은 공통분모를 가지고 있다.

한국의 저금리 현상은 당연

2017년 11월에 금융통화위원회는 정책금리를 1.25%에서 1.5%로 0.25%p 인상했다. 정책금리가 역사적 최저 수준에서 벗어난 것이다.

1999년에 정책금리 도입 당시 정책금리는 4.75%였다. 특히 정책금리는 금융위기 직전 5%에서 지속적으로 하락하면서 2016년 6월에 1.25%로 추락했다. 이후 국내에서도 저금리 상황이 고착화된 것이다.

국내 정책금리의 추락은 성장률과 물가 수준의 둔화를 반영한다. 2001~2008년중 연평균 4.6%를 기록했던 실질

성장률이 2012~2017년중에는 2.9%로 둔화되었다.

연평균 소비자물가 역시 2001~2008년중 3.3%에서 2012~2017년중에는 1.4%로 거의 절반 수준으로 하락했다. 성장률과 물가 수준을 고려하면 정책금리 급락은 당연한 현상이다.

한국 금리의 급락으로 표출된 성장률과 물가 급락은 어디에서 비롯되었을까? 한마디로 2010년 들어 한국에서 나타난 저금리 현상은 글로벌 현상의 요약판이다. 즉 글로벌 성장률 둔화, 일본화로 통칭되는 디플레이션 리스크 부각, 중국 구조조정 여파, 부채 및 인구 사이클이 국내 저금리 현상 고착화에 기여했다.

우선 국내경제 성장률 둔화의 직접적 요인은 수출 경기의 부진이었다. 글로벌 수요 부진으로 국내 수출은 2010년대 초반 이후 극도의 부진을 보인다. 2012~2016년 연평균 수출증가율은 이례적으로 -2.2%의 역신장세를 기록했고, 2015년과 2016년에는 2년 연속 수출증가율이 감소세를 기록했다.

국내경제의 높은 수출 의존도를 감안할 때 글로벌 수요 부진에 따른 국내 수출의 역신장은 성장률 둔화에 큰 영향을 미칠 수밖에 없었다.

일본화로 대변되는 디플레이션 리스크도 국내 저금리 현상에 상당한 영향을 미쳤다. 주요 선진국 경제가 일본화

리스크에 시달렸지만, 일본경제를 시차를 두고 따라가고 있는 국내경제 역시 일본식 디플레이션 리스크가 크게 부각되었다.

일본경제보다 높은 대외 의존도로 내수 부진에도 불구하고 수출로 지탱하던 국내 경기가 수출마저 부진해지면서 내수와 수출이 동반 부진해졌다. 1990년대 버블 붕괴 이후 일본경제가 수출과 내수경기가 동반 부진했던 상황과 유사한 상황이 전개된 것이다. 여기에 일본 인구 사이클과 유사한 국내 인구 사이클 역시 국내경제의 디플레이션 리스크를 가중시키는 결과를 초래했다.

중국 신창타이도 한국에 직접적 영향

국내 수출과 제조업 경기와 중국 경기 사이클은 높은 상관관계를 지니고 있다. 우리나라와 중국경제가 분업적 산업관계를 지니고 있기 때문이다. 즉 국내에서 중간재를 중국에 수출하고, 중국은 이를 가공해 전 세계에 중국산 제품을 수출하는 구조다. 이러한 산업적 연관관계로 2010년 이후 국내 성장률은 미국보다 중국 성장률과 높은 상관관계를 보여주고 있다.

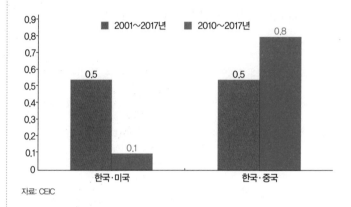

〈그림 3-5〉 한국·중국, 한국·미국 성장률 상관관계

자료: CEIC

한국의 대중국 수출 비중이 높아지면서 한국과 미국 간 성장률 상관관계는 약화된 반면에 한국과 중국 간 성장률 상관관계는 크게 높아졌다. 산업구조상 한국과 중국 간 분업관계가 강화된 것이 원인이다.

이러한 상황에서 신창타이로 일컬어지는 중국경제 성장과 투자둔화는 국내 제조업과 투자 사이클에 나쁜 영향을 주었다. 무엇보다 중국 투자 사이클의 둔화는 국내 자본재산업 내 과잉설비 리스크를 부각시켰고, 일부 산업에서는 살아남기 위한 중국과의 치킨게임(chicken game)이 전개되었다.

단적인 예로 2010년대 초반 이후 국내 대중국 수출증가율은 2001~2008년에 연평균 약 23%를 기록했지만, 2012~2016년중 -1.3%의 역신장세를 보여주었다. 국내 수출의 거의 25%를 담당하고 있는 중국 수출의 부진은 국

치킨게임

어느 한쪽이 양보하지 않으면 양쪽이 모두 파국으로 치닫는 극단적인 게임이론을 말한다.

내 산업활동은 물론 전체 경제활동에 악영향을 주었다.

다른 나라의 경우 중국이 기침을 하면 조금 아프지만 국내경제는 병실에 누울 수밖에 없는 구조다. 국내경제의 저성장과 저물가의 원인이 다양하지만 가장 직접적 원인은 중국 성장효과의 소멸이 아닌가 싶다.

부채와 고령화도 무시 못할 저금리 원인

국내 저금리 원인으로 부채와 고령화 추세 역시 빼놓을 수 없다. 가계부채 리스크가 수년간 지적되고 있지만 가계부채 리스크는 커져만 가고 있다. 더욱이 글로벌 저금리와 양적완화정책에 따른 자산가격의 상승은 국내 부동산 경기의 호황과 함께 가계부채 리스크를 더욱 확대시키는 결과를 초래했다.

선진국의 경우 정부부채가, 중국은 기업부채가 문제지만 한국은 가계부채가 잠재적 리스크로 대두되어 신중한 금리정책이 요구되고 있다. 한국도 여타 주요국처럼 부채 리스크가 저금리 기조에 영향을 주고 있다.

인구 사이클도 저금리 기조에 큰 영향을 주고 있다.

〈표 3-1〉에서 보듯 국내 인구 사이클은 이미 2000년 고령화 사회에 진입했고, 2018년에는 65세 이상 인구비중이

〈표 3-1〉빠른 속도로 초고령 사회에 다가서는 국내 고령화 인구 사이클

	의미	시기
고령화 사회	65세 이상 인구 비율 7% 이상	2000년
고령 사회	65세 이상 인구 비율 14% 이상	2018년(예상)
초고령 사회	65세 이상 인구 비율 20% 이상	2026년(예상)

자료: 통계청

> 국내 고령화 추세는 전 세계적으로도 빠른 추세로 국내는 이미 고령화 사회로 진입했다. 인구 사이클이 점점 경제 각 부문에 큰 영향을 미칠 공산이 높아졌다.

14% 상회하는 고령화 사회로 넘어간다. 그리고 2026년에는 65세 인구비중이 20%를 초과하는 초고령 사회로 진입할 것으로 추정되고 있다.

물론 국내의 경우 선진국과 달리 정부 부채 부담이 크지 않다는 것이 그나마 위안이지만 이 역시 장담할 수만은 없다. 국내 고령화 현상이 유례없이 빠르게 진행되고 있어 연금 및 의료부담 등 노인복지와 관련된 재정부담이 크게 늘어날 것이기 때문이다.

요약하면 다음과 같다. 국내 저금리 현상은 국내만의 독특한 현상이 아닌 글로벌 저금리 현상의 축소판이라 해도 과언이 아니다.

경기둔화에 따른 수요 부진이 현실화되면서
중국을 중심으로 글로벌경제 내 과잉투자 리스크가 부각되었고,
이는 생산자물가의 장기 하락 추세로 이어진 것이다.

글로벌 경기가 일부 정상화되고 있고, 각종 자산가격 역시 금융위기 이전 수준을 상회하거나 유사한 수준에 근접중이다. 저금리 정책의 효과로 평가된다. 그러나 저금리 현상의 장기화는 한편으로 많은 부작용을 잉태한 것 역시 부인할 수 없다. 자산가격 버블 논란, 늘어만 가고 있는 빚 부담, 신용리스크 위험 등이 대표적이다. 저금리의 가면이 벗겨질 때 보기 싫은 혹은 생각하지 못했던 민낯이 드러날 수 있다.

4장

저금리 뒤에
숨어있는
잠재 리스크

높아지는 자산가격의 과열을 우려하는 목소리

일부에서는 '모든 자산이 동반 버블(Everything Bubble)'이라고 표현할 정도로 저금리로 주식·채권·부동산가격이 동반 과열된 이례적인 자산시장의 과열 현상이 발생중이라고 주장하고 있다.

모든 자산이 버블?

2018년 2월 미국 증시는 또다시 예상치 못한 발작을 일으켰다. 1987년 블랙먼데이 현상이 재연될 수 있다는 공포감이 전 세계 금융시장에 몰아쳤다.

블랙먼데이 발생 원인에 대해서는 여러 가지 원인이 거론되고 있지만 과도한 주가상승 역시 한 요인으로 지적되고 있다. 2018년 2월, 긴축발작에 대해서도 신임 미 연준 교체에 따른 통화정책 불확실성 확대, 예상 밖의 임금 상승에 따른 물가 상승 우려감 증폭과 시중금리 급등 등을 주요 원인으로 꼽고 있지만, 자산가격의 과열에 대한 우려가 저

블랙 먼데이

1987년 10월 19일(한국은 10월 20일), 미국 다우존스 주가지수가 사상 최대의 낙폭(23%)을 기록한 사건으로 이 사태가 일어난 날이 월요일이어서 '블랙 먼데이'라는 이름으로 일컬어지고 있다.

〈그림 4-1〉 미국 가계 순자산과 경제성장 추이

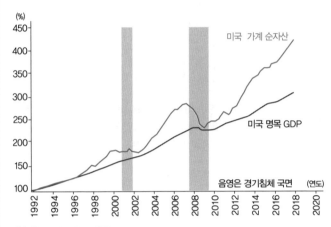

자료: @WartenbergHans, CEIC

미 연준의 통화정책 기조가 전환되면서 자산가격 조정에 대한 리스크가 높아졌다. 저금리에 힘입어 주식·채권·부동산 등 대부분의 자산가격이 동반 상승하면서 경기회복 속도에 비해 자산가격의 상승속도가 지나치게 빨라 자산가격의 과열을 지적하는 목소리가 힘을 얻고 있다.

변에 깔려 있다.

글로벌 금융위기 이후 저금리와 양적완화정책에 힘입어 글로벌 각종 자산가격은 유례없는 동반상승을 기록했다. 일부에서 '모든 자산이 동반 버블(Everything Bubble)'이라고 표현할 정도로 주식·채권·부동산가격이 가파르게 상승했다. 〈그림 4-1〉에서 보듯 미국 가계 순자산과 경제성장 속도 간 괴리 폭 확대는 자산가격의 버블을 주장하는 측의 입장을 잘 대변해주고 있다.

자산가격의 과열 현상은 선진국을 중심으로 일부 가시화되고 있다. 아무래도 제로금리와 양적완화정책이 미국, 유로·영국·일본 등 선진국을 중심으로 추진되었고, 경기 측면에서도 이머징보다 선진국 경기가 빠른 개선세를 보여주었기 때문으로 해석된다.

물론 버블은 버블이 지나고 나서야 알 수 있다는 격언처럼 현 단계에서 자산가격이 버블단계에 진입했다고 속단하기는 어렵다. 다만 글로벌 경기가 저성장 국면에서 완전히 빠져나오지 못한 상황에서 과거에 볼 수 없었던 자산가격 상승을 두고 우려의 목소리가 높아질 수밖에 없다.

주식시장은 자산가격 과열 논란의 중심

주식시장, 특히 선진국 주식시장 과열에 대한 경계감이 높아지고 있다. 선진국 주식시장은 양적완화정책 효과가 그대로 반영되었다고 해도 과언이 아니다. 2007년 말 기준으로 3조 7천억 달러(달러 환산 기준)에 불과했던 미국, 유럽중앙은행과 일본중앙은행의 자산총액은 2018년 2월에 14조 9천억 달러로 약 3.5배 증가했다. 단순하게 약 10년간 양적완화정책을 통해 약 10조 5천억 달러의 유동성이 시중에 공급된 것이다. 이 기간 선진국 주가는 130% 상승했다.

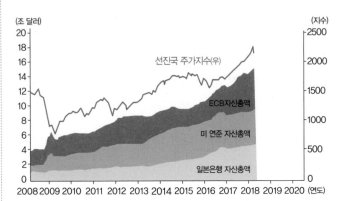

〈그림 4-2〉 미국·일본·유럽 중앙은행 자산총액과 선진국 주가지수

자료: Bloomberg
주: ECB와 일본은행 자산액은 월 말 기준 환율로 달러로 환산

> 유례없는 주요 중앙은행의 양적완화정책으로 인해 중앙은행의 자산 규
> 모가 비약적으로 증가했다. 유동성 확대정책이 경기와 자산가격 상승에
> 기여했지만 향후 중앙은행들이 비정상적인 자산 규모를 축소하는 과정
> 에서 경기와 자산시장에 충격을 줄 수 있다.

미국의 주가상승 폭은 더욱 드라마틱하다. 동기간 미국 다우지수는 약 185%의 상승 폭을 기록하면서 사상 최고치 경신 행진을 이어가고 있다. 일본의 주가 흐름 역시 눈에 띈다. 2018년 2월 말 기준으로 일본 니께이 225지수는 22,068엔으로 2008년 12월 말 대비 149% 상승하면서 1990년대 초에 버블 붕괴 이후 가장 높은 주가 수준을 보여주었다.

주가가 급등했다고 해서 과열 혹은 버블이라고 단언할 수 없다. 〈그림 4-3〉의 역사적 미국 주가 흐름을 보더라도 현 주가 상승 폭이나 상승기간에 비해 상승 폭이 더 크거나 상승기간도 긴 국면이 다수 있었다. 관건은 이번 주가상승 국면이 경제 펀더멘탈이나 기업이익이 뒷받침될지의 여부일 것이다.

그러나 부인할 수 없는 것은 글로벌 금융위기 이후 전개된 이번 주가 랠리가 이전과 달리 저금리와 과잉 유동성 환경에 이루어졌다는 점이다. 이번 주가 랠리가 정책 전환이

〈그림 4-3〉 장기 미국 주가와 성장률 추이

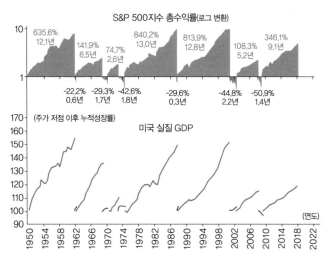

자료: First Trust, Bloomberg

자산가격 과열, 특히 주식시장의 과열을 지적하는 힘이 더해가지만 과거 사례를 보면, 미국 주식시장이 장기 호황을 보인 적도 다수 있었다. 이번 상승 폭은 이전 장기 호황 당시 주가상승 폭과 비교해보면 높은 상승 폭이 아니다.

나 금리 상승에 상대적으로 더욱 취약할 수 있어 주식시장의 발작 현상은 앞으로 더 자주 일어날 것이다. 과열 논란도 금리 상승 추세와 함께 더욱 뜨거워질 것이다.

채권시장의 장기 호황 사이클에 드리워진 그림자

글로벌 금융위기 이후 자산가격에 나타난 두드러진 특징 중 하나는 주가와 채권가격의 동반 랠리 현상이다. 통상적으로 주가와 채권가격은 역의 관계를 가지는 것이 일반적이다. 경기가 좋아지고 물가 압력이 높아지는 경기확장 국면에서는 주가는 상승하고 채권가격은 하락(금리 상승)한다. 반대로 경기상황이 악화되고 물가 하락 국면에 이르면 주가가 하락하고 채권가격은 상승(금리 하락)한다.

특이한 것은 2008년 글로벌 금융위기 이후 주가와 채권 간 역관계는 사라지고 주가와 채권가격이 동반 상승했다는 점이다. 제로금리정책과 양적완화라는 완화적 통화정책 기조가 주가와 채권가격에 모두 긍정적 영향을 미쳤다. 통화정책뿐만 아니라 저물가 기조, 그리고 빈발하는 각종 금융위기로 인한 안전자산 선호 현상은 채권금리의 추세적 하락, 즉 채권시장의 장기 호황으로 이어져왔다.

더욱이 유럽 재정위기를 겪으면서 주요 선진국 중앙은

<그림 4-4> 주가와 금리 추이

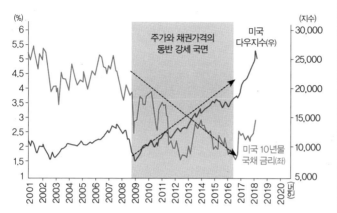

자료: First Trust, Bloomberg

통상적으로 보면 주가와 채권가격(금리 수준)은 역의 관계를 가지는 것이
일반적이다. 즉 금리가 상승(채권가격 하락)시 주가는 상승하고 금리 하락
(채권가격 상승시)시 주가는 하락한다. 그러나 금융위기 이후 주가와 채권
가격이 동반 상승하는 이례적 현상이 나타났는데, 이는 양적완화로 대변
되는 통화정책의 영향이다.

행이 마이너스 금리정책을 추진하면서 단기 채권금리는 물
론 장기채권금리도 마이너스 금리로 진입하는 극단적 현상
을 보였다. 이처럼 채권시장은 저성장과 저물가로 대변되
는 글로벌 경기와 완화적 통화정책에 힘입어 장기 호황을
구가해왔다.

문제는 채권시장의 장기 호황 사이클도 막을 내릴 가능성
이 높아지고 있다는 점이다. 구체적인 이유는 다음과 같다.

첫 번째, 2017년을 기점으로 글로벌 경기 사이클의 정상

〈그림 4-5〉 전 세계 성장률 추이(2010~2019년)

자료: OECD, IMF

> IMF의 전망에 따르면 전 세계 주요국 성장률이 동반 상승세가 이어지면서 성장률 수준이 금융위기 이전 수준의 복귀는 힘들지만 수년간의 저성장 흐름에서는 벗어날 전망이다.

화이다. 미국경제가 2%대의 안정적 성장을 유지하고 있고, 유로존 경제 성장률도 10년 만에 최고치를 경신했다. 선진국뿐만 아니라 이머징경제도 장기 부진에서 탈피하고 있다. 시중금리의 추세적 하락을 부추긴 저성장세가 끝나고 있다.

두 번째, 물가 기대감의 변화다. 얼마 전까지 글로벌 금융시장은 1990년대 일본식 디플레이션 리스크를 우려했다. 더욱이 2017년 중순까지만 해도 옐런 전 의장 등 미 연준 인사들은 저물가 현상을 걱정하는 등 물가 상승 압력이 당분간 높아지지 않는다고 예상했다. 옐런 전 의장은 저물가를 '미스터리'라고 표현하며, 그 이유로 크게 3가지를 꼽았다. 그는 "FRB가 노동시장 상황을 오판했거나, 물가 상승 요인을 잘못 이해했을 수 있다"고 지적했다. FRB가 아예 물가 상승률 목표치를 잘못 설정했을 가능성도 제기하며 "미국을 포함한 세계경제의 근본 변화가 저물가의 원인일 수 있다"고 설명했다. 단순한 현상이 아니라 물가 하락이 구조적 변화에서 비롯되고 있을 수 있다는 설명이다.

이와 같은 저물가의 기대감이 2018년도에 들어서면서 빠르게 약화되고 오히려 물가 상승 기대감이 형성되고 있다. 미국 등 선진국 경기가 예상보다 빠른 순황 속도를 보이는 가운데, 미국 등 주요 선진국 고용시장의 빠른 회복이 임금을 자극하면서 물가 압력이 높아지고 있다. 채권시장의 장기 호황을 지지하던 두 축(저성장과 저물가)이 흔들리고 있다.

세 번째, 안전자산 선호 현상 약화다. 글로벌 금융위기 이후 장기 저성장과 유럽 재정위기, 중국 리스크 및 브렉시트 등 각종 금융 리스크의 빈발은 안전자산으로서 채권수요를 자극해주었다. 특히 유럽재정 위기는 시중금리를 마이너스 금리까지 추락시켰지만 안전자산으로서 국채 수요는 더욱 증가하는 기현상을 유발시켰다. 각종 불확실성 리스크로 주식 등 위험자산보다는 안전자산으로 국채 등 채권을 보유하고자 욕구가 강했던 것이다.

참고로 '마이너스 금리'란 금융기관이 예금의 일부를 보

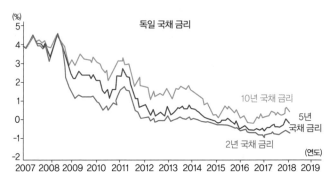

〈그림 4-6〉독일 국채 금리 추이(마이너스 금리)

자료: Bloomberg

> 저성장과 낮은 물가 상승률 현상에서 벗어나기 위한 ECB의 마이너스 금리정책과 양적완화정책 지속 영향으로 독일 국채 금리가 아직도 마이너스 금리 추세를 유지하고 있다.

관료 성격으로 징수함을 의미한다. 즉 통화당국이 마이너스 금리정책을 추진하는 의도는 금융기관이 예금자(투자자)에게 안정적 이자를 지급하기보다는 보관료(수수료)를 받음으로써 여유 자금이 시중에 유입되도록 하기 위한 것이다.

다행히 글로벌 자금의 안전자산 선호 현상이 약화되고 있다. 글로벌 경기 정상화와 이머징 경기회복 등으로 금융 리스크 발생 가능성이 낮아지면서 투자자들이 안전자산에서 주식 및 원자재 등 위험자산으로 자금을 이동시키고 있다. 이를 반영하듯 유로존 내 각종 국채 금리가 마이너스 금리에서 빠르게 벗어나고 있다.

안전자산 선호 현상을 약화시키는 또 다른 요인은 달러화다. 안전자산 선호 강화와 항상 동반되는 현상은 달러화 강세다. 글로벌 금융위기 이후 2016년까지 달러화는 강세 사이클을 이어왔지만, 2017년 들어서면서 달러화는 약세로 전환되었다. 미국과 여타 주요 선진국 간 통화정책 차별화는 달러 강세 요인이지만, 트럼프 행정부의 달러 약세 선호 정책이 달러화의 약세 전환에 적지 않은 영향을 미쳤다.

글로벌 자금의 안전자산 선호 약화도 달러화 추세에 큰 영향을 주었다. 안전자산 선호 약화, 즉 투자자들이 더이상 낮은 수익률이지만 안전한 채권보다는 위험을 다소 수반하지만, 고수익 자산에 투자하고자 하는 심리가 강해지고 있음은 채권시장의 장기 호황 사이클을 약화시키는 또 다른 요인이다.

마지막으로, 채권시장의 장기 호황 사이클을 위협하는 최대 리스크는 통화정책 기조의 전환이다. 그리고 채권시장의 호황이 미 연준 등 주요 선진국 통화정책에 기대어왔다는 점에서 미국을 시작으로 주요 선진국 통화정책의 긴축 기조 전환 가능성은 향후 채권금리 상승으로 이어질 수밖에 없다.

2015년 12월부터 시작된 미 연준의 인상 사이클로 0~0.25%였던 정책금리는 1.50~1.75%까지 상승했고,

2018년에만 추가로 3~4차례, 그리고 2019년에도 정책금리인상 사이클은 지속될 전망이다.

ECB 역시 당장은 아니지만 2018년 말부터는 현재의 양적완화정책을 중단할 것이다. 지난 2018년 3월 ECB 통화정책회의를 통해 통화정책이 완화에서 중립으로 전환될 것이라는 시그널을 금융시장에 던져주었다. ECB 통화정책회의 이후 발표되는 성명서에 그동안 빠지지 않고 등장했던 '채권매입 확대' 문구가 사라졌기 때문이다.

일본은행은 아직 양적완화 중단에 대한 어떠한 언급도 하지 않았지만 일본경제가 호전되고 있고, 물가마저 점진적이지만 상승하고 있음을 고려하면 2019년중 통화정책 기조상의 변화는 불가피할 전망이다.

미 연준의 경우 금리인상 사이클과 더불어 2017년 4분기부터 보유자산 축소, 즉 대차대조표 정상화 프로그램을 시행중이고, 이에 따라 단계적으로 보유자산 축소 규모를 확대할 것이다. 윌리엄 더들리 뉴욕연방준비은행 총재는 4조 5천억 달러까지 불어난 미 연준의 자산 규모를 2조 9천억 달러까지 축소하는 것이 적절하다는 발언을 한 바 있다. 미 연준의 보유자산 축소는 국채를 중심으로 한 채권공급 확대로 이어지면서 시중금리에 압박 요인으로 작용할 수 있다. 미 연준이 대규모 국채 매수자에서 공급자로 변화되면서 중장기적으로 국채 수급에 악영향을 미칠 공산이 높아졌다.

〈표 4-1〉 글로벌 금융위기 후 미국·유럽·일본 중앙은행의 비전통적 통화정책

기간	내용	규모
2008	7차례 기준 금리 인하	4.25%에서 0~0.25%
2009.03~2010.03	QE1	1.75조 달러
2010.11~2011.06	QE2	6,000억 달러
2011.09~2012.06	1차 오퍼레이션 트위스트	4,000억 달러
2012.06~2012.12	2차 오퍼레이션 트위스트	2,670억 달러
2012.09~2012.12	QE3	월 400억 달러
2013.01~2013.12	QE3.5	월 850억 달러
2014.01~2014.09	테이퍼링	
2014.10	QE중단	
2017.10	Fed재투자 규모 축소	
기간	**내용**	**규모**
2014.06	정책금리 마이너스로 진입	
2012.02	2차 LTRO	5,295억 유로
2011.12	1차 LTRO	4,892억 유로
2010.05	SMP 시행	850억 유로
2012.09	OMT 시행	
2014.09	1차 TLTRO	826억 유로
2014.12	2차 TLTRO	1,298억 유로
2015.03	QE 시행	매월 600억 유로
2015.12	QE 확대(금리 인하, 시한 확대)	
2016.04	QE 확대(자산매입 확대)	매월 800억 유로
2018.01	자산 매입 축소	매월 300억 유로

기간	내용	규모
2001.03	QE 도입	월간 4,000억 엔
2001년중	국채 매입한도 확대	월간 8,000억 엔
2002년중	국채 매입한도 확대	월간 1.2조억 엔
2008년중	국채 매입한도 확대	월간 1.4조억 엔
2009.03	국채 매입한도 확대	월간 1.8조억 엔
2010.10	제로 금리(0.0%, 0.1%)까지 인하 자산 매입 규모 확대	35조 엔
2011.03	자산 매입 규모 확대	40조 엔
2011.08	자산 매입 규모 확대	50조 엔
2011.10	자산 매입 규모 확대	55조 엔
2012.02	자산 매입 규모 확대	65조 엔
2012.04	자산 매입 규모 확대	70조 엔
2012.09	자산 매입 규모 확대	80조 엔
2012.10	자산 매입 규모 확대	91조 엔
2012.12	자산 매입 규모 확대	101조 엔
2013.04	본원통화 목표제 전환, QQE 시행	본원통화 연간 +60~70조 엔
2014.10	본원통화 및 자산 매입 증가	본원통화 연간 +80조 엔
2015.12	매입 장기국채 듀레이션 장기화	듀레이션 7~12년 으로 연장
2016.01	기존 QE에 마이너스 금리 도입	
2016.01	기존 QE에 수익률곡선 조정정책 추가	

각종 자료를 이용해 작성

채권시장의 장기 호황 사이클이 약화되거나 일부 과열 양상 현상이 조정받을 가능성이 커지고 있다. 특히 유례를 찾기 힘든 양적완화정책으로 채권시장이 그동안 큰 수혜를 받았다는 점에서, 글로벌경제 패러다임 변화와 정책 기조 전환으로 채권시장 혹은 채권투자자는 새로운 위험과 도전에 직면하고 있다. 물론 미 연준이나 여타 주요 중앙은행이 금융시장과 경기에 큰 충격을 주지 않기 위해 점진적 통화정책 기조 전환을 공언하고 있지만 금융시장, 특히 채권시장은 그 어느 때보다 통화정책 상의 조그만 움직임에도 민감한 반응을 보일 수밖에 없을 것이다.

따라서 다가올 금리 상승 국면에서 채권시장 내 발작 현상이 더욱 빈발할 여지가 높고, 채권시장이 그동안 장기 호황을 유지했다는 점에서 일시적 패닉 상황에 빠지는 현상이 나타날 가능성도 배제할 수 없다. 자산가격의 연착륙을 늘 이야기하지만 역으로 과열된 자산가격이 연착륙할 가능성도 역사상 크지 않았음을 새겨둘 필요가 있다.

부동산 과열 현상도 재차 고개를 들기 시작

글로벌 금융위기의 도화선이 되었던 부동산시장 역시 일부 국가를 중심으로 과열현상이 나타나고 있다. 옐런 전 미 연

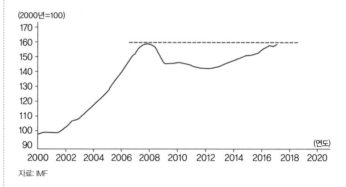

〈그림 4-7〉 글로벌 주택가격

(2000년=100)

(연도)

자료: IMF

글로벌 금융위기의 직접적 원인이었던 부동산가격이 마침내 위기 이전 수준에 근접했다. IMF가 발표하는 글로벌 부동산가격 지수가 저금리정책 효과 등에 힘입어 금융위기 수준까지 상승했다.

준 의장이 주식시장과 함께 상업용 부동산시장을 과열로 지목한 것을 보더라도 부동산시장도 과열논란에서 자유롭지 못하다.

2017년 6월 말 기준으로 글로벌 주택가격 지수를 보면, 서브프라임 사태가 발생하기 직전 고점 수준까지 재상승했다. 상황은 다르지만 글로벌 주택가격이 재차 버블 국면 수준에 재진입하고 있다고도 할 수 있다.

글로벌 부동산가격이 예상외로 빠른 회복 내지 과열국면에 재진입할 가능성을 시사하는 것이 미국과 일본의 부동산 버블 이후 부동산가격 추이다. 〈그림 4-8〉은 미국 10대 대도시 주택가격과 일본 6대 대도시 토지가격이다.

〈그림 4-8〉 미국·일본 주택 경기 사이클 비교

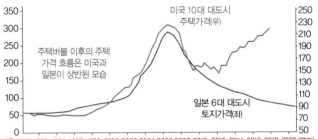

자료: Bloomberg, CEIC

> 미국과 일본이 부동산 '버블 붕괴'라는 커다란 위기를 경험했지만 극복 과정은 다른 양상이다. 일본의 경우 부동산 경기가 제대로 회복되지 못하면서 장기 경기침체에 시달렸지만, 미국 부동산 경기는 빠른 회복세를 보이면서 경기에 긍정적 영향을 주고 있다.

1990년대 초반에 일본 부동산 버블 붕괴 이후 약 30년 가까이 경과되었지만 일본 부동산가격(토지가격)은 아직 버블 당시의 정점 수준과 비교하면 약 26% 수준에 불과하다. 반면에 미국 10대 대도시 주택가격은 97%(2017년 말 기준) 수준까지 회복했다.

이 밖에도 일부 국가에서 소득 대비 주택가격이 상대적으로 높은 수준을 기록하면서 주택가격 과열 논쟁이 뜨거워지고 있다. 무엇보다 대부분의 선진국 국가들이 고령화 사회로 진입하면서 향후 주택수요 감소라는 제약에도 불구하고 주택가격이 상승하면서 자칫하면 제2의 서브프라임 사태가 재발하지 않을까 하는 목소리도 있다.

주택가격을 중심으로 한 글로벌 부동산시장이 글로벌 금융위기 이후 예상보다 빠른 회복을 보인 원동력은 무엇일까? 가장 큰 원인은 저금리와 유동성이다.

주택가격 혹은 주택수요는 금리, 특히 모기지 금리에 민감한 반응을 보인다. 〈그림 4-9〉의 미국 모기지 금리와 주택경기(NAHB 지수) 사이클을 보더라도 모기지 금리가 큰 폭으로 상승하면 주택경기는 어김없이 둔화 내지 침체 현상을 반복했다. 대표적인 사례가 서브프라임 사태다.

이처럼 금리에 민감한 주택경기가 글로벌 저금리 혹은 마이너스 금리흐름에 반응을 보이는 것은 당연하다. 미국을 포함하여 유럽 주택가격이 제로금리정책으로 2010년 이후 강한 반등세를 이어가고 있으며, 이머징 주택가격 역시 저금리 효과에 장기 상승세를 유지하고 있다.

유동성 확대 역시 글로벌 부동산시장의 호황을 지지하고 있다. 부동산시장에는 통상적으로 레버리지 효과(leverage effect)가 여타 자산시장과 달리 강하고 부동산가격 상승을 주도하는 동력이다. 따라서 양적완화정책을 통해 제로금리 수준에 가까운 금리로 시중에 공급된 유동성이 부동산시장으로 유입되는 것은 어찌 보면 당연하다. 부동산가격 상승을 통해 경기를 회복시키고자 했던 중앙은행의 정책 의도가 제대로 반영된 것이다.

주택경기(NAHB지수)

미국 부동산협회(National Association of Home Builders Survey: NAHB)에서 발표하는 지수임. 향후 6개월 후 판매기대, 구매대기 및 판매조건 등에 관한 동협회 회원 대상서베이를 집계한 확산지수로 50이 기준선으로 50을 상회할 경우 주택경기가 양호한 추세라고 판단할 수 있다.

레버리지 효과

타인이나 금융기관으로부터 차입한 자금을 자본을 활용해 투자 이익을 얻는 것을 말한다. 빌린 돈을 지렛대(lever) 삼아 이익을 얻는다는 의미에서 '지렛대 효과'라고도 말한다.

특히 유럽의 경우 금리가 마이너스 수준까지 하락하면
서 유동성이 부동산시장으로 급속히 흘러 들어간 것으로
추정되고 있다.

국내에서도 아파트 갭투자, 즉 시세차익을 목적으로 주
택의 매매가격과 전세금 간의 차액이 적은 집을 전세를 끼
고 매입하는 투자 방식이 증가했고, 이는 서울지역 아파트
가격 상승의 한 원인으로 지적된다. 저금리에 따른 레버리

〈그림 4-9〉 미국 주택 경기 사이클과 모기지 금리

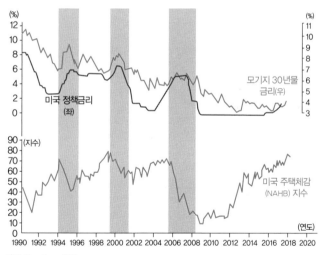

자료: Bloomberg, CEIC
주: 음영은 경기침체국면

미국 주택경기와 모기지 금리는 높은 상관관계가 있다. 모기지 금리가
큰 폭으로 상승하면 주택경기가 둔화 내지 침체되었다. 이번에도 미 연
준의 정책금리인상으로 모기지 금리가 상승하고 있어 향후 모기지 금리
추가 상승시 미국 주택경기, 즉 주택가격에도 부정적 영향을 줄 수 있다.

지 효과다.

맑은 날만 있을 것 같았던 글로벌 부동산시장에도 금리
상승이라는 먹구름이 점차 드리워지고 있다. 미 연준의 정
책금리인상으로 모기지 금리가 상승하기 시작했고, 유동성
공급도 축소되고 있기 때문이다. 미 연준은 물론 여타 주요
선진국 중앙은행의 금리인상이 본격화되고, 양적완화의 중
단 내지 자산 축소정책이 확대된다면 모기지 금리 상승은
쉽게 예상할 수 있다.

물론 서브프라임 당시와 달리 모기지 관련 파생상품이
많지 않다는 점에서 모기지 상승에 따른 악영향이 제한적
일 수 있다. 하지만 앞서 지적한 바와 같이 금리 상승으로
레버리지 자금이 급속히 부동산시장에서 이탈할 경우 부동
산가격이 급락할 리스크도 잠재해 있다.

가상화폐, 뜨거운 감자

비트코인으로 상징되는 가상화폐 과열현상도 또 다른 논란
거리다. 가상화폐의 가치 및 자산인지에 대한 논란이 지속
되고 있지만, 가상화폐는 분명히 자산가격 과열 현상의 중
심에 있음을 부인할 수 없다.

현재 가상화폐가격이 적정한지를 여기서 논하고 싶지는

않다. 누구도 향후 가상화폐가 어떤 형태로 성장할지, 아니면 '튤립 파동 이후 최대 파동'이라고 지칭할 정도로 순식간에 가상화폐 열기가 사라질지는 모르겠다.

가상화폐가격의 급등 배경으로 제4차 산업혁명 열기라는 시대적 분위기를 말할 수 있지만, 다른 자산가격과 같이 글로벌 금융위기 이후 전개된 저금리와 유동성 확대도 가상화폐 급등에 영향을 미친 것으로 판단된다.

미 연준의 제로금리정책과 3차에 걸친 양적완화정책은 갈 곳을 못 찾는 막대한 유동성 과잉 현상을 잉태했고, 동시에 달러화에 대한 신뢰성을 저하시켰다. 여기에 비약적 기술발전이 가상화폐에 대한 열기를 확산시킨 것으로 풀이해볼 수 있다.

가상화폐가격에 대해서는 극단적으로 전망이 엇갈리고 있다. 현재 6천 달러 수준인 가상화폐가격이 10만 달러까지 상승할 수 있다는 주장이 있는 반면에, 가상화폐 가치가 궁극적으로 제로로 수렴할 것이라는 비관적 전망도 있다. 어느 주장이 맞을지는 시간이 대답해줄 것이다.

다만 주목해볼 필요가 있는 것은 가상화폐가 자산으로서의 가치가 있다면 다른 자산가격과 마찬가지로 금리 및 유동성 변화, 즉 통화정책 기조에 따라 가격이 등락할 수 있다는 점이다. 더욱이 각국 정부는 각종 규제를 통해 유동성이 지나치게 가상화폐시장으로 유입되는 것을 막는 노력

튤립 파동(Tulip mania)

17세기 네덜란드에서 벌어진 과열 투기현상으로, 사실상 최초의 거품경제 현상이다. 튤립 파동의 정점은 1637년 2월이었다. 튤립 가격이 숙련된 장인이 버는 연간 소득의 10배보다 더 많은 가격으로 팔리는 버블 현상이 나타났다. 튤립 파동은 역사상 기록된 최초의 투기로 인한 거품 현상이었다. 이후 "튤립 파동"이란 용어는 거대한 투기 거품(자산 가격이 내재적인 가치에서 벗어날 때)을 가리키는 은유로 버블 현상을 이야기할 때 자주 사용된다.

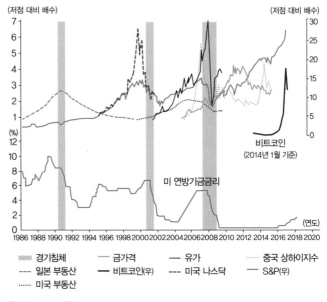

〈그림 4-10〉 1980년대 중반 이후 글로벌 주요 버블 붐(Boom) 사례

자료: Bloomberg, CEIC

> 역사적으로 글로벌경제는 붐(Boom) 사이클의 역사다. 특히 이전 붐 사이클에서 간과하지 말아야 할 것은 각종 붐 사이클이 정책금리인상으로 대부분 막을 내렸다는 점이다. 최근 제4차 산업혁명 사이클이 붐 사이클로 대두되고 있는데 금리인상 사이클도 진행되고 있다. 금리인상 사이클에도 불구하고 제4차 산업혁명 붐이 지속될지 여부도 눈여겨 봐야 할 것이다.

을 강화하고 있다.

결국 블록체인 기술발전 및 통화로서의 역할 인정 여부 등에 따라 가상화폐가격이 움직이겠지만, 과잉 유동성 축소와 금리 상승 역시 가상화폐가격에 큰 영향을 미칠 공산이 높다.

<그림 4-11> 비트코인 시가총액 추이

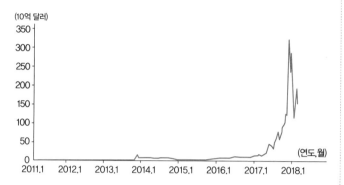

(10억 달러)

자료: https://blockchain.info/

각종 논란이 여전히 진행되고 있지만 가상화폐시장 규모는 기하급수적으로 확대되었다. 이러한 가상화폐시장이 새로운 혹은 진정한 자산시장으로 자리 잡을지도 주목된다.

향후 금리 상승 국면에서 과연 가상화폐가격이 긍정론자들의 주장처럼 추가 상승할지, 아니면 비관론자들의 주장처럼 추세적 하락세로 나타날지 여부를 주목하는 것도 흥미로울 것이다.

글로벌경제,
부채의 늪에 빠지다

모든 위기는 주로 부채 리스크에서 시작한다. 글로벌경제의 부채 규모가 시간이 갈수록 증가하면서 부채 리스크가 재연될 수 있다는 우려감이 커지고 있다.

부채 공포가 엄습할 수 있다

글로벌경제가 부채 늪에 빠졌다. 국제결제은행 자료에 따르면 2017년 9월 말 기준으로 금융기관을 제외한 정부, 기업 및 가계의 총부채(총신용액)는 173.4조 달러로 전 세계 GDP 대비 245%다. 금융위기 발생 직전인 2007년 12월 말에 총 부채가 111.9조 달러(GDP 대비 210%)에 비해 10년 동안 약 62조 달러의 빚이 늘어난 것이다.

물론 부채 증가가 반드시 나쁜 것만은 아니다. 차입한 자금을 통해 기업이 새로운 이익을 창출하거나 국가의 경우 성장률 혹은 성장 잠재력을 높였다면 부채 증가를 부정적

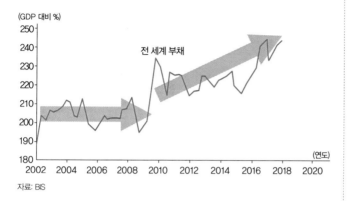

자료: BIS

미 연준의 금리인상과 ECB와 일본은행의 양적완화정책 중단 가능성이 부각되면서 글로벌 부채 리스크를 우려하는 목소리도 동시에 커지고 있다. 지난 10년 동안 전 세계 부채 규모가 약 55% 증가한 상황이라서 금리 상승시 부채 리스크가 현실화될 여지가 높다.

으로 해석할 필요가 없다. 부채를 상환할 능력이 있기 때문에 채무 불이행과 같은 사태가 발생할지 않을 것이기 때문이다.

그러나 글로벌 금융위기 이후 글로벌경제 내 부채 증가는 긍정적으로 해석하기 힘들다. 우선 부채 증가에도 불구하고 전 세계 경제성장 속도는 오히려 둔화되었다.

〈그림 4-12〉의 전 세계 부채 추이에서도 볼 수 있듯이 글로벌 금융위기 이전 2000년 초중반대는 부채 증가가 답보 상태였음에도 불구하고, 세계경제는 과열경제를 초래할 정도로 높은 성장세를 기록했다. 반면 글로벌 금융위기 이

후 부채는 기하급수적으로 증가했지만 세계경제는 저성장 굴레에서 제대로 벗어나지 못했다. 성장은 없고 부채만 증가한 것이다.

부채의 증가 속도가 빠른 것 역시 문제다. 지난 10년간 전 세계 부채 규모는 약 55% 증가했다. 선진국 부채 증가 속도도 문제지만 이머징 국가의 부채 증가 속도는 우려할 만큼 심각한 수준이다. 2017년 9월 말 기준으로 선진국 부채(금융기관을 제외한 정부, 기업 및 가계의 총부채) 규모는 121.7조 달러로 2007년 12월 말 대비 28%, 약 27조 달러가 증가했다.

이머징 국가의 총부채 규모는 51.8조 달러로 2007년 12월 말 대비 207%, 약 35조 달러가 증가했다. 부채 증가 규모와 속도 면에서 이머징이 선진국을 압도하고 있다. 이머징 국가들의 부채 급증은 주로 기업부채 증가에서 비롯되었다. 2007년 12월 말, 9조 달러(GDP 대비 60%)에 불과했던 이머징 기업부채는 2017년 9월 말에 28.1조 달러(GDP 대비 104.3%)로 10년간 19조 달러 급증했다.

글로벌부채가 이처럼 증가한 가장 큰 배경은 초저금리의 영향이다. 중앙은행의 초점 금리정책으로 소위 값싼 이자만 지불하면 쉽게 차입할 수 있는 이지머니(easy money)가 넘쳐났기 때문이다. 높은 금리로 차입이나 채권발행에 어려움을 겪었던 이머징 기업들이 선진국 중앙은행의 제로

이지머니

중앙은행이 국내경기 부양차원에서 사용하는 통화정책을 의미한다. 민간 기업의 투자활동을 자극하기 위해 정책금리 인하. 공개시장을 통한 국채 및 기타 유가증권의 매입조작, 지불준비율의 인하 등 시중에 싼 이자의 자금. 즉 이지머니를 공급하는 조치를 '이지머니 정책이라 한다.

〈그림 4-13〉 선진국과 이머징부채, 그리고 이머징 기업부채 추이

자료: BIS

글로벌 금융위기 이후 전 세계 부채 증가를 주도하고 있는 것은 이머징
부채다. 저금리와 약달러로 이머징 국가와 기업들의 차입이 쉬워졌기 때
문이다. 특히 이머징 기업의 부채가 큰 폭으로 증가하면서 새로운 위기
의 뇌관으로 부상하고 있다.

금리정책으로 금리 수준이 대폭 낮아지면서 차입, 즉 빚을
크게 늘린 것이다. 금융기관 역시 초저금리로 마땅히 자금
을 운영할 수단이 부재한 상황 역시 이머징 기업 입장에서
차입을 손쉽게 할 수 있었다.

이머징 기업들의 차입을 자극한 또 다른 이유는 달러화
흐름이다. 금융위기 이후 달러화가 약세를 보인 것은 아니
지만 금융위기 이전 달러 수준과 비교해보면 달러화 가치
는 상대적으로 약세를 보였다. 꼭 달러 표시 자금만을 차입
하는 것은 아니지만 달러화 흐름은 자금을 차입하는 입장
에서 무시할 수 없는 변수다. 달러화가 강세를 보일 경우 채

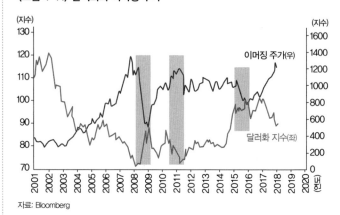

〈그림 4-14〉 달러화와 이머징 주가

(지수)

이머징 주가(우)

달러화 지수(좌)

자료: Bloomberg

> 달러화 강세 국면에서 이머징 주가는 부진한 현상을 보인다. 달러화 강세 현상으로 글로벌 자금의 이머징자산과 같은 위험자산을 기피하게 되고, 달러화 강세는 이머징 기업과 정부의 부채 상환 부담을 가중시키기 때문이다.

무자는 그만큼 상환 부담이 커지기 때문이다. 지난 2016년 초, 이머징 금융시장 불안이 대표적인 사례다. 2016년 금융시장 불안의 원인은 무엇일까?

　유가 급락 등으로 이머징경제의 펀더멘탈이 약화될 수 있는 리스크가 부각된 것이 가장 큰 원인이지만 달러화 강세 현상도 중요한 배경이었다. 2015년 12월 미 연준이 정책금리를 처음으로 인상하면서 달러화가 급격히 강세로 전환되었다. 달러화 강세 전환은 부채 리스크, 특히 이머징 기업들의 부채 리스크를 글로벌 금융시장이 주목하게 되는 기폭제가 되었고, 특히 금리 상승과 맞물리면서 금융 불안

<그림 4-15> 위험 수위에 도달한 중국 기업부채

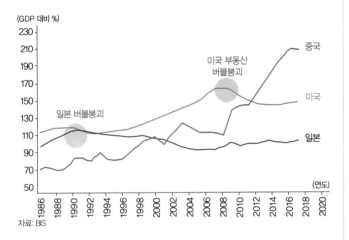

(GDP 대비 %)

일본 버블붕괴

미국 부동산
버블붕괴

중국

미국

일본

(연도)

자료: BIS

중국 기업부채 규모가 과거 일본 버블붕괴와 부동산 버블 당시와 유사한 위험 수위에 이미 도달해 있다. 이미 중국 기업의 부채 위험 경고등이 켜진 상황에서 미국 금리인상은 위기를 증폭시키는 촉매제 역할을할 수 있다.

의 단초를 제공한 것이다.

이후에도 선진국은 물론 이머징부채·이머징 기업부채 리스크는 현실화되지 않았을 뿐 수면 아래서 증폭되고 있다. 증시는 물론 자산가격 조정을 주장하는 측의 논리 중에 자주 거론되는 것은 부채 부담이다. 정책금리인상, 양적완화 중단으로 이지머니가 사라지면서 부채 공포가 올 수 있다는 논리다. 역사적 금융위기가 대부분 부채의 위기에서 시작되었다는 점을 잊어서는 안 될 것이다.

중국 부채도 잠재 리스크

중국경제는 2000년대 이후 글로벌경제의 중요한 성장 동력으로 작용하고 있음을 부인할 수 없다. 중국경제가 용틀림을 하면 세계경제는 호황을 누렸고, 중국경제 성장세가 약화되면 세계경제 역시 감기 몸살에 시달린다.

미국과 함께 G2로 지칭될 만큼 위상이 높아진 중국이지만 고민도 커지고 있다. 문제는 중국경제가 안고 있는 리스크는 더이상 중국만의 리스크가 아니라 세계경제의 리스크가 되어버렸다는 점이다.

과잉투자와 함께 중국이 안고 있는 잠재 리스크는 기업부채 리스크다. 중국 기업부채 리스크가 갑자기 생긴 것은 아니다. 글로벌 금융위기 이후 중국 정부가 4조 위안의 경기부양책 추진의 부작용과 과잉투자 문제가 불거지면서 이미 잇달아 경고의 목소리가 나오고 있다.

중국 정부 역시 기업부채 리스크를 인지하고 있다. 시진핑 정부가 고성장보다 2016년부터 공급개혁(구조조정)과 디레버리징정책을 통한 안정적 성장을 강조하기 시작한 것도 기업부채 리스크와 무관치 않다. 금융기관을 제외한 기업부채 규모는 2017년 9월 말 기준으로 GDP 대비 210.5%로 전 세계 중 거의 가장 높은 기업부채 규모다.

기업부채가 많다고 바로 위기가 발생하는 것은 아니다.

그러나 부채 리스크와 자주 비유되는 자전거를 상기할 필요가 있다. 자전거가 달리고 있을 때는 넘어질 위험이 적지만 자전거가 달리지 못하면 넘어질 위험은 상대적으로 높아진다.

중국경제가 이전처럼 두 자릿수 수준의 고성장을 유지한다면 부채 리스크는 크게 부각되지 않을 것이지만 중국경제는 이미 중속 성장 국면에 진입했다. 기업의 매출이나 이익 역시 고성장 국면의 증가율을 유지하기 어렵다. 더욱이 중국 기업들은 과도한 투자로 인한 과잉투자 부담에서 완전히 벗어나지 못하고 있어 채산성이 크게 떨어졌다. 결국 부채 상환이나 이자 부담이 커질 수밖에 없어 파산의 위험이 높아지는 것은 당연하다.

부채 리스크를 유독 경계하는 이유는 기업 혹은 가계가 부채 부담으로 파산할 경우 단순히 개별 경제 주체의 파산에 그치지 않기 때문이다. 손실은 금융기관이나 정부의 손실로 전이되고, 이는 시스템 리스크(시스템 리스크는 개별 금융회사의 부실 위험과 대조적으로 금융시스템 전체가 부실화될 위험을 의미한다)화 할 수 있다. 대표적인 사례가 2008년 글로벌 금융위기와 2010년대 초반의 유럽 재정위기다.

중국 정부도 기업부채 리스크를 인지하고, 이미 성장 패러다임을 변화시키는 등 부채 축소에 적극적으로 나서고 있지만 글로벌 금리인상과 '유동성 축소'라는 외생적 환경 변화를 극복할 수 있을지는 불확실하다. 중국 기업부채 리스크가 금리인상 국면에서 커다란 위기의 뇌관 역할을 할 가능성도 배제할 수 없다.

신용리스크 재발 위험이
도사리고 있다

저금리 현상으로 신용 위험이 과소 평가되고 있다. 저금리로 용이했던 자금 차입 상황이 금리 상승으로 악화될 경우 신용리스크가 재부각될 위험이 높아지고 있다.

CDS 상승이 빈발할 수 있다

CDS(Credit Default Swap)는 생소한 용어지만 글로벌 금융위기 이후 금융시장에 자주 거론되는 용어다. 유럽 재정위기 당시 그리스 국가 CDS 프리미엄이 급등했다는 뉴스나 한반도에서 북한발 지정학적 리스크가 고조될 때마다 어김없이 한국 CDS 프리미엄이 상승했다는 뉴스를 접한다. 국가뿐만 아니라 은행 및 기업들의 CDS 프리미엄이 급등했다는 이야기도 자주한다.

그럼 'CDS'란 무엇인가? 쉽게 설명하면 부도 위험을 알려주는 지표라고 할 수 있다. 부도가 발생해 채권이나 대출 원리금을 돌려받지 못할 위험에 대비한 신용상품이다. CDS가 상승한다는 것은 그만큼 국가나 기업의 부도 가능성이 높아지고 있음을 의미한다.

부도 위험을 보여주는 CDS 상승 현상이 향후 빈발할 여지가 높다. 초저금리 및 양적완화정책이 경기와 금융시장에 긍정적인 영향을 미친 것은 분명하지만 부작용 역시 무시할 수 없다. 무엇보다 낮은 금리와 풍부한 유동성으로 신용리스크가 제대로 작동하지 않고 있다.

국가나 기업의 신용리스크가 낮다는 것은 좋은 현상이다. 그만큼 안전한 금융거래가 활성화되면서 경제활동에도 긍정적 영향을 미칠 수 있기 때문이다. 더욱이 신용상태가 좋다면 차입이 쉽고 차입 비용, 즉 낮은 금리로 자금을 차입할 수 있다는 점에서 국가 경제와 기업 활동에도 긍정적 영향을 줄 수 있다.

그러나 신용리스크가 왜곡된다면 상황이 달라진다. 당장에는 큰 문제가 없지만 경기상황이 악화되거나 금리 상승 및 유동성 축소 등의 상황이 전개될 경우 예상보다 심각한 신용경색 위기에 직면할 수 있다.

서브프라임 사태가 단적인 예이다. 주택시장 붐에 편승해 금융기관들이 신용등급이 낮은 서브프라임 모기지 대출에 낮은 금리와 담보 가치 이상의 대출을 경쟁적으로 해주었다. 이는 신용리스크를 간과한 것으로, 결과적으로 주택

경기둔화와 금리 상승으로 인한 채무불이행이 급증한 현상을 '서브프라임 사태'라고 한다.

글로벌 금융위기 이후 주요국 중앙은행은 기업 및 가계의 파산을 막기 위해 신용상태와 무관하게 저금리의 자금을 공급해주었다. 물론 이러한 정책이 도미노 파산 혹은 금융기관의 시스템 리스크 방어에는 기여했지만, 한편으로 서브프라임 같은 불량 대출을 양산했을 가능성도 배제할 수 없다. 저금리에 기댄 좀비 기업과 좀비 국가가 있을 수 있다.

신용리스크를 주목해야 할 시점

신용리스크 지표를 경계해야 할 시점이다. 미국 신용스프레드 추이를 보면 최근 소폭 반등했지만 여전히 매우 낮은 수준을 유지중이다. 미국 경기가 양호하고 기업이익 역시 견조하다는 점을 감안하면 당연한 현상일 수도 있다.

그러나 미국 금리인상 사이클이 지속되면 신용스프레드가 상승할 여지가 높다. 이전에도 금리인상 국면에서 신용스프레드가 대부분 상승했고, 궁극적으로 신용경색 현상을 촉발하기도 했다. 이번의 경우 금리인상과 유동성 축소가 동반되고 있어 소위 좀비 기업들의 신용리스크가 부각될

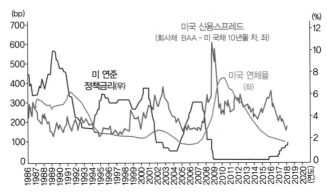

〈그림 4-16〉 미국 신용스프레드와 연체율

자료: Bloomberg, CEIC

> 미국 금리인상 이후 시차를 두고 연체율이 상승해 신용리스크를 자극하는 경향이 있다. 아직 금리인상 초기 국면이라 연체율이 낮은 수준이지만 향후 추가 금리인상시 연체율 상승이 빠르게 나타날 수도 있다.

여지가 높다.

신용리스크가 과소평가되고 있는 시그널로 일부 유로존 국가의 국채 금리 수준을 들 수 있다. 국채 금리가 통화정책, 성장률, 물가 등에 의해 좌우되는 것이지만, 최근 미국 10년물 국채 금리가 이탈리아와 스페인 국채 금리 수준을 상회하고 있다. 미 연준은 긴축 기조로 전환된 반면에 ECB는 여전히 완화적 통화정책 기조를 실시하는 영향이겠지만, 이들 국가의 국가 신용등급을 감안해 선뜻 이해하기 힘든 현상이다.

미국 국가 신용등급은 S&P 기준으로 AA⁺이지만 이탈

〈그림 4-17〉 미국 국채 금리가 이탈리아와 스페인 금리를 상회중

자료: Bloomberg, CEIC

> 상대적으로 미국에 비해 국가신용도가 낮은 이탈리아와 스페인의 장기 국채 금리 수준이 미국에 비해 낮은 현상은 이례적이다. 미 연준은 물론 ECB의 통화정책이 정상화될 경우 이탈리아 및 스페인의 장기금리가 빠르게 상승할 잠재 위험이 있다.

리아와 스페인의 국가 신용등급은 BBB 수준에 그치고 있다. 국가 신용등급이 낮으면 자금 조달에 있어 위험 프리미엄이 가산될 수밖에 없다. 그러나 금융기관 부실 위험 등이 잠재해 있는 이탈리아와 스페인의 국채 금리가 미국 국채 금리를 하회하는 현상은 비전통적 통화정책의 부작용을 보여주는 단적인 사례라 할 수 있다.

따라서 미 연준의 금리인상 사이클이 지속되고, ECB마저 양적완화정책을 중단한다면 과소 평가되는 신용리스크가 정상화될 여지가 높다.

"골이 깊을수록 산이 높다"는 말처럼 비전통적 통화정책으로 잠재해 있던 신용리스크가 급속히 부각될 수 있음을 이제부터 각별히 주목해야 할 것이다.

한국도 리스크에서
안전하지 않다

한국경제의 고질적 병폐인 가계부채 상황은 저금리 기조하에 개선되기
보다는 더욱 악화되면서 향후 금리인상 국면에서 한국경제와 부동산시
장의 커다란 위험 요인으로 작용할 전망이다.

가계 빚이 많은 대한민국

"2017년 한국 가계 빚 부담 증가 속도 세계 최고!"

"가계부채 증가를 철저히 관리할 필요가 있다며 유념할
수준까지 왔다"라고 이주열 한국은행 총재가 인사 청문회
에서 발언한 바 있다.

특히 한국경제는 가계가 빚 부담에 시달리고 있다. 어제
오늘 갑자기 이슈가 된 것은 아니지만 국내 가계부채 리스
크는 거의 위험 수준에 이르렀다. 국제결제은행(BIS) 자료
에 따르면 2017년 3분기 말 기준, 한국의 GDP 대비 가계
부채 비율은 94.4%로 2014년 2분기 이후 14분기 연속 상

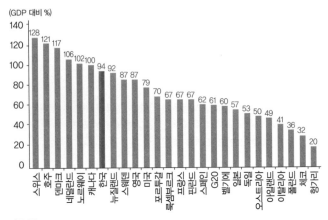

<그림 4-18> 주요국 가계부채 규모 비교

(GDP 대비 %)

자료: BIS

OECD 국가들의 가계부채 규모를 비교할 때 한국 가계부채 규모는 매우 높은 수준이다. 가계부채 규모뿐만 아니라 증가속도가 빠르다는 점에서 금리인상 국면에서 가계부채 리스크가 부각될 수 있다.

승했다. 조사대상국 43개국 중 중국 다음으로 두 번째로 긴 부채 증가기간을 기록하고 있다.

부채 증가 기간과 더불어 부채 수준도 걱정스럽다. 2017년 3분기 말 기준으로 한국의 GDP 대비 가계부채비율보다 높은 국가는 조사대상국 중 스위스(127.6%), 호주(120.9%), 덴마크(116.8%), 네덜란드(106%), 노르웨이(102%), 캐나다(100.4%), 이렇게 6개 국가 뿐이다.

국내 가계부채 급증의 주된 요인으로 국내 역시 글로벌 통화정책과 유사한 완화적 통화정책을 들 수 있다. 한국 정부와 한국은행은 경기부양 차원에서 2014년 8월의 주택담보인정비율(LTV)과 총부채 상환비율(DTI) 등 대출규제를 완화하는 동시에 정책금리를 25bp씩 다섯 차례 인하하면서 정책금리가 1.25% 하락했다. 1999년 통화정책 수단으로 정책금리를 이용된 이후 가장 낮은 수준까지 하락한 것이다. 이에 따라 2013년 말 기준으로 1,019조 원이었던 가계 신용 잔고는 2017년 말에는 1,450조 원으로 약 42%가 폭등했다. 동기간 국내 실질 GDP 규모가 11.9%밖에 늘어나지 않았음을 감안할 때 성장에 비해 부채 증가가 지나치게 빠르다.

국내 가계부채 리스크를 우려하는 이유는 통화정책 기조 전환, 즉 국내도 금리인상 사이클이 본격화되면서 부채 리스크가 은행 등 금융기관의 부실로 이어지는 시스템 리스크로 전이될 잠재 위험이 있기 때문이다.

가계부채발 시스템 리스크는 이미 2003년 카드 버블사태로 경험한 바 있다. 2000년 IT버블 붕괴로 국내 경기가 경기침체에 직면하면서 정부는 내수부양정책을 강화했다. 공격적인 정책금리 인하와 부채를 적극적으로 권유하는 사회적 분위기는 신용카드 남발과 소득에 비해 과도한 차입을 조장시키면서 위기를 심화시켰다.

중요한 것은 유동성 버블 현상이 순식간에 금융기관 시스템 위기로 이어졌다는 점이다. 정부 규제 강화와 정책금

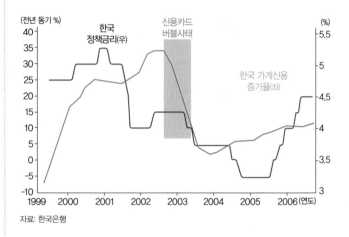

〈그림 4-19〉 2003년 국내 카드버블 사태 전후 가계 신용 증가율과 정책금리 추이

자료: 한국은행

2000년대 IT버블 붕괴 이후 과도한 신용확대정책이 궁극적으로 신용카드 버블 사태로 이어진 바 있어, 국내 역시 금리인상 국면을 맞이해 새로운 유동성 확대의 부작용이 현실화될 여지가 있다.

리인상 등 정책 기조 전환으로 유동성 확대가 한계에 부딪히면서 카드사 등 금융기관의 손실 확대는 물론 일부 카드사가 정리되는 상황이 발생했다.

가계부채를 우려하는 목소리가 높아지는 이유

부채가 많다고 꼭 리스크는 아니다. 일본은 부채가 정말 많은 국가다. 2017년 9월 말 기준으로 금융기관을 제외한 부채(가계, 기업 및 정부) 규모는 GDP 대비 372%이다. 그러나 일본 부채를 우려하는 목소리는 크지 않다. 부채도 많지만 국내외 자산도 많아 부채를 상환할 능력이 충분하기 때문이다. 즉 부채를 상환할 능력이 있다면 다소 과도한 부채 수준을 우려할 필요가 없다.

그렇다면 국내부채, 특히 가계부채는 우려할 상황인가? 당장은 아니지만 국내외 상황이 악화될 경우 커다란 리스크, 즉 시스템 리스크화될 잠재 위험을 내포하고 있다. 반론도 있겠지만 다음의 3가지 관점에서 가계부채 리스크를 진단할 수 있다.

첫 번째, 가계부채 규모를 축소하기 어렵다. 정부와 한국은행 등 통화당국이 선제적으로 가계부채를 관리하는 것도 고무적이다. 그러나 현재의 가계부채정책은 가계부채를 축소하려는 정책이라기보다는 가계부채를 현재 수준에서 관리 및 유지하는 데 초점이 맞추어져 있다. 가계부채 규모가 줄지 않는다는 점에서 부채 리스크는 언제 터질지 모르는 시한 폭탄과도 같다.

두 번째, 가계부채가 과도하게 부동산시장에 몰려 있다. 가계부채 리스크가 사실상 부동산시장과 연계되어 있다는 의미다. 부동산시장이 흔들릴 경우 국내 가계부채 리스크가 현실화되고 이는 시스템 리스크로 전이될 공산이 높다.

국내 가계의 부동산 의존도는 가계 자산과 부채 구성에

서 잘 나타나 있다. 2017년 국내 가구당 자산보유 현황을 보면 가구당 부동산 보유액은 2억 6,635만 원으로 전체 자산의 69.8%를 차지하고 있다. 부채 역시 부동산 대출 의존도가 높다. 가구당 전체 부채중 담보대출 비중은 57.8%이지만 부동산 관련 부채인 임대보증금(비중 28.8%)을 합할 경우, 전체 부채중 부동산 관련 부채 비중은 86.6%까지 상승한다. 가구당 자산과 부채가 과도하게 부동산에 집중되어 있다는 것이다.

결국 관건은 부동산시장인데 부동산가격 하락 가능성을 배제할 수 없다. 부동산시장, 특히 아파트가격을 전망하기 어렵다. 고령화 흐름, 가계의 부채 규모, 낮은 소득 증가율 등을 감안할 때 국내 부동산가격이 조정을 받을 수도 있지만, 서울지역 중심의 강한 아파트 수요를 보면 아파트가격이 큰 폭의 조정을 받지 않을 수도 있다.

분명한 것은 부동산가격의 조정 압력이 고개를 들 수 있다는 점이다. 금리 상승과 대출규제에 따른 주택담보대출 축소, 양도세 중과 등 부동산 세금 부담 확대는 당장 부동산시장 흐름에 위협요인이다.

무엇보다 가장 중요한 것은 수년간 가파른 부동산가격 상승으로 구매 여력이 크게 약화되는 현상이다. 저성장과 고용시장 악화로 소득 증가율은 답보 상태를 보이면서 대출만으로 부동산을 구매하는 데 한계점에 이르고 있다.

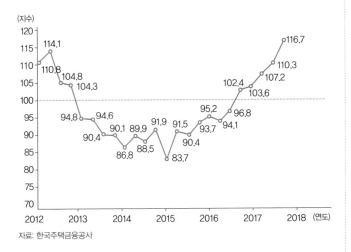

〈그림 4-20〉 서울지역 주택구입 부담지수(K-HAI)

자료: 한국주택금융공사

악화 추세인 국내 주택구입 여력이 주택가격의 추가 상승을 제약하거나 주택가격 하락 압력으로 이어질 전망이다. 특히 금리가 추가로 상승할 경우 주택구입 여력은 더욱 악화될 공산이 높다.

　이를 뒷받침해주는 지표가 주택구입 부담지수(K-HAI)다. 서울지역 주택구입 부담지수는 2017년 말 기준으로 116.7로 2011년도 4분기 이후 가장 높은 수준이다. 이 지수는 중간소득 가구가 금융기관의 대출을 받아 중간가격 주택을 구입할 때 현재 소득으로 대출원리금 상환에 필요한 금액을 부담할 수 있는지가 나타난다. 동 지수가 100이면 소득 중 약 25%를 주택구입 담보대출 원리금 상환에 쓰는 것이며, 동 지수가 높으면 원리금 상환 부담이 커진다는 것을 의미한다.

따라서 현재 서울지역 주택구입 부담지수가 116.7이라는 것은 원리금 상환 부담이 25%를 크게 상회하고 있으며, 앞으로 금리 상승시 부담 지수가 더욱 커질 수 있다고 시사한다. 주택구입 부담지수가 확대될 가능성이 있어 역으로 주택구입 여력이 약화될 수밖에 없다. 또한 주택가격의 하락 압력으로도 작용할 것이다.

부동산가격의 조정 압력이 높아질 수 있다고 보여주는 시그널은 전세가격 하락이다. 아파트가격 등 부동산가격이 가파른 상승세를 보이는 이유 중에 저금리 효과와 함께 전세가격 상승을 들 수 있다. 글로벌 금융위기 이전 아파트 매매가격 대비 전세가격은 50%를 밑돌았지만 전세가격 급등으로 동지수는 한때 75%를 상회하기도 했다.

높은 전세가격은 저금리 환경에서 아파트 구매를 자극하는 요인으로 작용하고 동시에 소위 전세를 끼고 시세차익을 노리는 투기적 수요인 아파트 갭투자를 활성화시켰다. 초저금리 상황 역시 원리금 상환 부담을 낮추면서 갭투자에 유리한 여건을 조성시켰다.

그런데 갭투자에 적신호가 켜지고 있다. 전세가격이 하락세로 전환되고 있다. 더욱이 일부 지역에서는 아파트 공급과잉으로 인해 전세입주자를 찾지 못하는 역전세난 위험마저 부각되기 시작했다. 이제 갭투자를 통한 시세차익을 얻기 힘들어졌다. 이미 차입을 통해 갭투자를 하는 투자자들도 자칫 원리금 상환 부담이 커질 전망이다. 정부의 각종 규제, 전세가격 하락, 그리고 금리 상승 등은 갭투자자들에게 결코 유리한 여건은 아니다.

아파트 등 부동산가격을 전망하기 어렵지만 부동산시장을 둘러싸고 있는 제반 여건이 빠르게 변화하고 있고, 그 중심에 금리 상승이 있다. 부동산시장과 가계부채 간 높은 상관관계를 감안할 때 금리 상승 국면에서 국내 가계부채 위험은 더욱 증폭될 수 있다.

세 번째, 한·미 정책금리 역전이다. 한·미 정책금리가 역전되면서 국내에서 자금이탈 가능성 등 많은 우려가 제기되고 있다. 한·미 간 정책금리 역전만으로 당장 국내 금융시장이나 경제에 큰 타격을 주지 않을 것이다.

그러나 미 연준은 2018년 최소 3차례, 2019년 최소 2~3차례의 추가 금리인상을 예고하고 있다. 한국은행 입장에서 미 연준의 정책금리인상으로 금리 차가 확대되는 것을 방치할 수만은 없을 것이다. 국내 역시 미 연준의 금리인상 속도만큼은 아니지만 정책금리 차를 어느 정도 유지하기 위해서 국내 정책금리를 2018년중에 1~2차례 인상해야 할 상황이다. 국내 금리 상승이 불가피할 전망이다.

한때 2.66%(2016년 7월)로 사상 최저치를 기록했던 주택담보대출 금리가 2018년 1월 3.47%로 상승했다. 그리고 2018년중 1~2차례의 정책금리인상을 감안해 동 금리가

〈그림 4-21〉 정책금리와 주택담보대출 금리 추이

주택담보대출
금리
(신규기준)

한국은행
정책금리

자료: 한국은행

국내 정책금리가 인상되면서 사상 최저 수준까지 하락했던 주택담보대출 금리도 상승하고 있다. 향후 정책금리의 추가 인상 가능성이 높아지고 있어 주택담보대출 금리의 추가 상승도 불가피해 보인다.

5% 수준을 상회할 가능성도 배제할 수 없다. 일부에서 주택담보대출 금리가 2019년 초에 6%를 상회할 수도 있다는 우려의 목소리가 있다.

만약 주택담보대출 금리가 연 6%를 상회한다면 한계 가구를 중심으로 연체 리스크가 높아질 수 있고, 대출 이자 부담도 커질 수 있다. 단순하게 2억 원의 주택담보대출에 대한 이자 부담이 1%만 증가해도 연간 이자 부담이 200만 원 증가한다. 한계 차주가 약 100만 가구 이상으로 추정되고 있어 금리 상승은 부동산시장 위축과 함께 연쇄적으로 가계부채 리스크를 높일 것이다.

당연히 금리 상승시마다 부동산시장과 가계부채를 경고하는 목소리가 더욱 커질 것이다.

미국 10년 국채 금리가 3%를 넘어설 태세이고, 미 연준은 최소 2019년까지 정책금리를 추가로 인상할 전망이다. 유럽중앙은행(ECB)도 양적완화정책 중단과 함께 빠르면 2019년 말쯤에 정책금리를 인상할 공산이 높다. 중앙은행이 통화정책 스탠스를 10년 만에 전환중이다. 통화정책 기조의 전환뿐만 아니라 10년 만에 동반 회복중인 글로벌 경기, 예열중인 물가, 그리고 트럼프노믹스로 대변되는 재정 적자 리스크는 잠자고 있던 금리를 깨우고 있다.

5장

무엇이
잠자던 금리를
자극할까?

글로벌 경기, 신(Neo) 뉴노멀 사이클에 진입중

글로벌경제가 선진국에 이어 이머징도 회복 사이클에 동참하면서 10년 만에 글로벌 경기가 살아나고 있다. 특히 제4차 산업혁명 사이클의 부상으로 글로벌 성장 모멘텀을 한층 강화해주고 있다.

뉴노멀에서 신(Neo) 뉴노멀로

글로벌 금융위기 이후 금리와 경기 간 관계를 보면 상관관계가 약화되었다. 저성장·저물가로 대변되는 뉴노멀 국면에서 금리는 경기 사이클을 무시한 채 움직였다. 금리가 중앙은행의 통화정책 내용과 강도에 따라서만 움직였다고 해도 과언이 아니다. 중요한 것은 경기부양과 저물가 탈피를 위해 중앙은행들의 통화정책 목표는 저금리 유지에 초점을 맞추었고, 다행히 결과는 경기회복으로 이어졌다는 점이다.

바꿔서 말하면 금리흐름에 그동안 큰 신경을 쓸 필요가

없었다. 경기 사이클과 무관하게 금리가 상승하지 못하도록 중앙은행이 철저히 관리해주었기 때문이다. 금리가 통제받던 국면에서 경기와 물가 등에 따른 금리가 반응하는 자율 국면으로 점차 회귀중이다.

그럼 경기 사이클을 자세히 들여다보자. 글로벌 경기 사이클은 2017년도를 기점으로 전환점을 맞이하고 있다. 글로벌 경기는 엄밀한 의미에서 중국의 대규모 경기 부양 효과가 소멸된 2012년부터 저성장 국면에 진입했다. 2012~2016년 5년간 미국 GDP 성장률은 2.2% 수준에 불과했지만 여타 국가와 지역에 비해서는 상대적으로 괜찮은 수준이었다. 동기간 유로지역 GDP 성장률은 0.8%로 1% 수준을 하회했고, 이머징 GDP 성장률은 4.8%로 5% 수준의 성장률도 기록하지 못하는 부진을 보였다. 한국경제도 예외는 아니다. 글로벌경제의 저성장 여파로 2012~2016년 국내 GDP 성장률은 2.8% 수준에 그쳤다.

이와 같은 저성장 분위기는 2017년을 기점으로 바뀌고 있다. 저성장 장기화 혹은 디플레이션마저도 우려되었던 글로벌경제가 이전의 모습을 조금씩 찾아가고 있다. 글로벌경제가 뉴노멀에서 벗어나 신(Neo) 뉴노멀 국면으로 진입하고 있다.

참고로 신 뉴노멀은 일반적으로 사용하는 용어는 아니지만 글로벌 경기가 금융위기 이후 10년간의 저성장에서 벗어나 금융위기 이전 수준으로 다가서고 있음을 강조하기 위해 사용하는 용어다. 관건은 글로벌 경기가 현재의 흐름을 이어갈 수 있는 체력이 있는지에 있다.

글로벌 경기, 체력이 강해졌다

IMF, OECD 등 주요 기관에서는 낙관적인 경제 전망을 내놓고 있다. 2018년 3월 발표된 OECD 전망 자료를 보면 2017년 3.7%였던 전 세계 GDP 성장률이 2018년과

〈그림 5–1〉 OECD 실업률과 글로벌 교역

자료: OECD, WTO

글로벌경제가 저성장 국면에서 벗어나고 있음을 보여주는 지표로 글로벌 수출과 실업률을 들 수 있다. 글로벌 수출 규모가 이전 고점 수준을 거의 회복했고, OECD 실업률 역시 이전 저점수준까지 하락했다.

2019년도에 각각 3.9%의 성장률을 기록할 것으로 예상했다. 주요 기관들이 모처럼 성장률 전망치를 상향 조정하고 있다.

그런데 글로벌 경기에 대한 낙관적인 견해를 피력하는 근거들은 무엇일까?

첫 번째, 고용시장 회복이다. 뉴노멀 국면의 특징 중의 하나는 고실업률이다. 2009년 말 OECD 전체 실업률은 8.6%까지 치솟았지만, 2018년 1월 기준 5.5% 수준으로 금융위기 발생 직전 수준까지 하락했다. OECD 내 국가별로 고용시장 회복의 온도 차가 존재하지만 미국·독일·일본의 고용시장은 위기 이전 수준보다 더욱 고용시장이 좋은 상황이다. 고용시장 회복은 자연히 소비의 확대로 이어지고 있다. 임금 상승 속도가 과거에 못 미치고 있지만 취업자 수의 증가가 소비에는 긍정적 역할을 하고 있다. 대표적으로 글로벌 교역 흐름은 소비 회복을 단적으로 보여주는 시그널이다.

두 번째, 자산가격 상승이다. 저금리와 양적완화정책의 최대 효과라 할 수 있는 각종 자산가격의 상승은 한편에서 과열 논란을 촉발하고 있지만 경기에는 우호적 영향을 미치고 있다. 무엇보다 자산가격의 상승은 고용 호조와 함께 소비 사이클에 긍정적 영향을 미치고 있다. 동시에 자산가격, 특히 부동산가격의 상승은 건설투자를 견인하는 중요

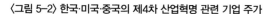

〈그림 5-2〉 한국·미국·중국의 제4차 산업혁명 관련 기업 주가

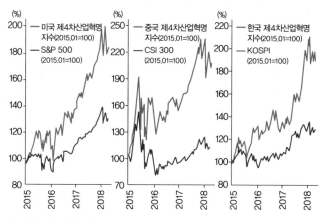

자료: 한국·미국 및 중국 내 주요 제4차 산업 관련 기업주가를 이용해 작성

> 미국·한국 및 중국의 대표적인 제4차 산업혁명 관련 기업들의 주가 상
> 승률이 벤치마크(미국 S&P500, 한국 코스피 및 중국 상하이 지수) 지수 상승률
> 을 크게 압도하고 있다. 제4차 산업혁명이 글로벌 경기는 물론 주식시장
> 을 주도하고 있는 것이다.

요인이 되고 있다.

세 번째, 제4차 산업혁명 사이클이다. 2017년 글로벌 경
기가 저성장 국면에서 벗어날 수 있는 가장 중요한 원동력
을 제공했고, 향후에도 글로벌 경기를 떠받치는 중요 원천
이 될 것으로 기대된다. 제4차 산업혁명 사이클과 관련해
의문 부호를 던지는 측도 있지만, 제4차 산업혁명 사이클
은 글로벌경제는 물론 사회 전반에 큰 영향을 미치고 있다.
제4차 산업혁명 사이클의 긍정적 효과는 곳곳에서 확인되
고 있다.

제4차 산업혁명과 관련 설비투자 확대 영향으로 반도체 업종은 슈퍼 사이클에 진입했고, 관련 기업들은 비약적인 성장을 하고 있다. 미국의 제4차 산업을 대표하는 FANG의 경우 미국 경기는 물론 주식시장을 이끌고 있으며, 중국 역시 BAT로 대변되는 제4차 산업혁명 관련 기업이 비약적인 성장을 기록하면서 중국경제의 차세대 동력으로 부상중이다.

제4차 산업혁명 사이클은 아직 초기 국면이다. 제4차 산업혁명 사이클은 자율주행차, AI(인공지능) 등 신제품을 출시하면서 대량 소비 및 대량 투자 단계로 진입할 것으로 예상된다. 글로벌 금융위기 이후 통화정책에 기대어 성장의 모멘텀을 찾지 못했던 글로벌경제에 강력한 우군이 등장했다.

네 번째, 중국 경착륙 리스크는 완화다. 2010년대 이후 글로벌 경기가 저성장 국면에 빠진 이유 중에 중국경제의 둔화를 빼놓을 수 없다. 고성장세를 유지하던 중국경제가 과잉투자와 과잉 유동성 덫에 걸리면서 경착륙 압력이 높아진 것은 글로벌경제에 성장 둔화 압력으로 이어졌다.

특히 시진핑 국가주석이 과도한 부양정책을 통한 성장 중심의 전략에서 벗어나 과잉산업을 중심으로 한 구조조정과 과잉 유동성 축소를 위한 강도 높은 디레버리징정책을 추진하고, 소위 공급개혁을 실시하면서 중국경제는 물론 글로벌경제의 성장 둔화 리스크를 높였다.

중국 정부의 공급개혁이 충분치 않지만 가시적인 성과를 보여주고 있다. 여기에 제4차 산업을 중심으로 한 중국 경제의 산업구조 전환 등 질적 중심의 경제정책이 효과를 발휘하면서 중국경제가 경착륙 리스크에서 그나마 벗어나고 있다.

중국경제가 2000년도 중반부터 2010년대 초반까지 보여주었던 성장 모멘텀을 다시 회복하기는 어렵지만 중국경제의 체질전환, 즉 양적성장보다 질적성장의 전환은 글로벌경제 성장의 중요 모멘텀으로 작용할 공산이 높다.

다섯 번째, 이머징 경기 반등이다. 이머징 경기가 완만하지만 부활하고 있는 것도 글로벌경제에 긍정적인 뉴스다. 글로벌 금융위기, 중국 성장률 둔화 및 유럽 재정위기 등을 거치면서 경제적으로 가장 큰 타격을 받은 지역은 이머징 경기다. 금융위기 이전 선진국의 성장은 곧바로 이머징 성장이라는 공식이 성립했다. 미국 등 선진국 경기의 호황은 수입 수요증가로 이어지면서 이머징 수출 호조로 직결되었기 때문이다.

컵에 물이 가득 차면 넘치듯이 선진국 경기 호조에 따른 무역수지 적자 폭 확대는 이머징 무역수지 흑자 확대로 이어졌다. 그러나 금융위기 상황이 변화되었다. 선진국 컵에 물이 차지 않았는데 넘치는 물이 사라진 것이다. 선진국 경제가 컵(잠재 성장률)을 충분히 채울 수 있는 실제 성장률을

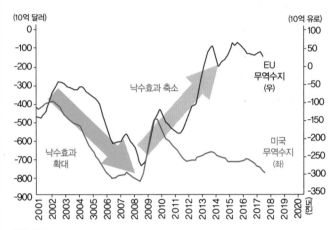

〈그림 5-3〉 미국과 EU의 무역수지

낙수효과 축소

EU
무역수지
(우)

낙수효과
확대

미국
무역수지
(좌)

자료: CEIC

미국과 EU의 무역수지 적자 확대시 이머징경제는 수혜를 크게 받았다. 선진국 무역수지 적자 확대는 수입수요의 증가를 의미하기 때문에 이머징 수출 호조로 이어졌다. 그러나 금융위기 선진국 무역수지 적자 폭이 축소되면서 이머징경제에도 부정적 영향을 주었다. 다행히 다시 선진국 무역수지 적자 폭이 확대되고 있다.

기록하지 못했다.

중국경제의 성장 모멘텀 약화도 이머징경제에는 큰 타격을 주었다. 과잉투자 등으로 중국경제가 더이상 원자재 블랙홀(black hole) 역할을 하지 못하면서 원자재 수출국을 중심으로 이머징경제가 심각한 경기둔화 리스크에 직면한 것이다.

2017년도를 기점으로 다행히 선진국 컵에 물이 조금씩 넘치기 시작했다. 물의 양이 넘치는 수준을 이전 수준과 비교하기 어렵지만 낙수 효과가 나타나고 있다. 중국 역시 공급개혁의 성과가 일부 가시화되면서 경제가 안정을 찾아가고 있다.

이머징경제 회복이 중요한 이유는 그동안 각자도생(各自圖生: 각자가 스스로 제 살 길을 찾는다는 뜻)을 걷던 글로벌경제가 10년 만에 모처럼 동반 회복 국면을 맞이하고 있기 때문이다. 미국의 보호무역주의 정책이 부각되고 있지만 10년 만에 찾아온 선진국과 이머징경제의 동반회복 흐름은 글로벌경제의 성장 기조를 더욱 공고히 해줄 것으로 기대된다.

GDP 갭 플러스 전환

경기가 반드시 좋아진다고 100% 장담할 수 없다. 언제든지 경기상황이 악화 혹은 침체 국면에 재진입하면서 양적완화정책과 같은 저금리정책이 다시 동원될지도 모른다. 글로벌 경기가 정상화되고 있지만 안심할 수 없는 부문도 있기 때문이다.

경기를 다소 보수적으로 보는 쪽에서는 글로벌 경기가 확장 사이클의 막바지 국면에 진입하고 있다고 주장하고 있다. 미국 경기 사이클 기준으로 미국경제는 2018년 3월 기준으로 105개월의 확장 사이클을 유지중이다. 사상 3번째로 긴 확장 사이클을 보여주고 있다. 시작이 있으면 끝이 있듯이 경기 확장 사이클이 길어질수록 종료 확률도 역으로 높아질 수밖에 없다.

그러나 미국을 제외한 유럽·일본 및 여타 이머징경제 사이클이 본격적으로 좋아지기 시작한 것은 불과 1~2년 수준에 불과하다. 또한 과거 경기 확장 사이클과 달리 이번 경기 확장 국면의 특징은 경기과열 현상이 뚜렷하게 나타나 있지 않다. 경기과열이 심하지 않다는 것은 경기가 빠르게 식지 않을 수 있음을 의미한다. 과열 현상 없이 밋밋한 경기 사이클이 이어지면서 경기 확장 국면이 최장 기간을 기록할 여지도 있다. 향후 1년 정도 안에 경기가 침체에 빠질 확률도 낮아 현 경기 사이클이 예상보다 길어질 수 있다.

경기 사이클 논쟁은 잠시 접어두고 경기 관점에서 금리가 상승할 것을 알려주는 뚜렷한 시그널은 GDP 갭이다. GDP 갭은 잠재 GDP와 실질 GDP의 차이로 GDP 갭이 플러스라는 것은 실제 경제활동이 잠재 GDP보다 높은 수준에서 이루어지고 있다. 앞으로 물가가 상승할 가능성이 크다는 의미에서 '인플레 갭'이라고 한다.

2017년 3분기 이후, 미국 GDP 갭이 3분기 연속 플러스를 기록한 것은 10년 만의 일이다. 미국 경기가 정상화 수준에 근접해 있음을 보여주는 대표적 지표다. 미국뿐만 아

〈그림 5-4〉 미국 GDP 갭과 10년물 금리 추이

자료: CBO, Bloomberg

> GDP 갭은 잠재 GDP와 실질 GDP의 차이로 GDP 갭이 플러스라는 것은
> 실제 경제활동이 잠재 GDP보다 높은 수준임을 의미한다. GDP 갭이 플
> 러스 현상이 지속될 여지가 높으면 물가 역시 추가로 상승하면서 금리
> 상승 압력으로 작용한다.

니라 유로존 역시 IMF 전망에 따르면 GDP 갭이 2018년에
플러스로 전환될 것으로 예상하고 있다. 일본 역시 전망기
관마다 다소의 차이는 있지만 일본 정부가 발표한 GDP 갭
에 따르면 일본경제 역시 이미 플러스 GDP 갭을 보여주고
있다.

이는 금리 상승 압력으로 작용할 것이다. 경기와 금리 간
상관관계가 복원되기 시작한 상황에서 글로벌 경기, 즉 성
장률이 양호한 흐름을 유지한다면 금리 역시 성장 추세를

따라갈 수밖에 없다. 더욱이 성장률이 양호하면 완화적 통화정책 기조가 긴축정책 기조로 선회하면서 금리 상승 압력을 더욱 높일 것이 분명하다.

정지선에 다가서는
양적완화

더이상의 유동성 확대는 없다. 미 연준이 정책금리인상과 자산 축소를 통해 유동성을 축소하고 있고, 유럽중앙은행과 일본은행도 유동성 확대 정책을 종료할 전망이다.

중앙은행과 맞서지 말라

그동안 통화정책은 시중금리의 절대적 우군 역할을 했다. 제로금리정책과 대규모 양적완화정책은 시중금리를 사상 최저 수준은 물론 마이너스 금리 수준까지 하락시키는 역할을 했다. 비전통적 통화정책은 소임을 다하고 퇴장을 앞두고 있다.

미 연준은 이미 2015년 12월, 9년 만에 처음으로 정책금리인상을 단행했고, 2017년 10월에는 보유자산 축소에 나서기 시작했다. 그리고 미 연준은 점도표를 통해 2018년중 최소 3~4차례(6월 금리인상 포함), 2019년 추가로 2~3차례의 정책금리인상을 예고했다. 미 연준의 금리인상 여파는 거대한 항공모함의 방향 전환으로 항공모함 주변에 거친 물결이 치는 듯한 모습이다.

미 연준의 정책 전환에 주목하라

금리흐름에 미 연준의 정책 전환은 중요한 변수로 작용할 수밖에 없다. 그 이유는 크게 3가지를 들 수 있다.

첫 번째, 중앙은행에 맞설 수 없기 때문이다. 오랫동안 증시에 회자된 말 중에 "Don't fight the Fed(중앙은행과 맞서지 말라)"라는 말이 있다. 금융시장의 보스는 '중앙은행'이라는 것이다.

미 연준은 중요한 고비 때마다 기존 정책을 전환하면서 금융시장, 특히 금리흐름에 큰 영향을 주고 있다. 이전 금융위기 당시에는 위기의 심각성을 인식하면서 제로금리정책과 3차례에 걸친 양적완화정책을 통해 시중금리 안정을 위해 노력했다. 10년간 유지했던 미 연준의 금리정책 기조가 분명히 전환되고 있다.

2015년 12월에 미 연준은 수차례의 금리인상 예고를 통해 마침내 금리인상을 단행했고, 이후 금리인상 간격이 축소되고 있다. 2015년 12월 이후, 1년 만인 2016년 12월에

2번째 금리인상, 2017년에 3차례 금리인상(3월, 6월, 12월), 그리고 2018년에도 3월에 6번째 금리인상을 단행하고 연내 추가로 최소 2차례의 금리인상 계획을 밝히고 있다.

이처럼 미 연준은 앞으로도 '금리인상'이라는 길을 갈 것이다. 설령 미 연준의 금리인상 정책이 잘못된 판단이라고 하더라도 미 연준의 정책 행보가 단기간에 변화될 여지는 거의 없다. 정책 판단 실수는 경기 등을 통해 확인해야 하기 때문에 정책 전환까지는 상당한 시간이 걸릴 수밖에 없다. 앞서 통화정책 기조의 전환을 항공모함에 비교한 이유는 항공모함이 방향을 전환하기 위해서는 소형배와는 달리 상대적으로 많은 시간이 소요되고, 방향 전환에 따른 물결도 소형배에 비해 클 수밖에 없음을 강조하기 위함이다.

통화정책 판단이 잘못되어 정책을 수정할 수도 있지만, 미 연준은 최소 2019년까지 금리인상을 예고했다. 결국 시중금리는 정책금리인상 흐름을 따라갈 수밖에 없다. 중앙은행과 맞서다가 큰 낭패를 볼 수 있기 때문이다.

두 번째, 가보지 못한 길을 가기 때문이다. 금융위기 이후 글로벌 금융시장은 양적완화 및 마이너스 금리라는 초유의 통화정책을 경험했다. 우려도 많았고 예상치 못한 굴곡도 많았던 것은 사실이다. 다행히 자산가격 상승과 경기회복이라는 중간 종착지에 도달하는 데 성공했지만, 출구로 나가는 길 역시 가보지 못한 길이라는 점에서 어떤 돌발 상황에 직면할지 예상하기 어렵다.

양적완화의 출구 전략을 앞에서 진두지휘하고 있는 미 연준 역시 어떤 길로 가야 할지, 어떤 돌발 상황이 발생할지 예상하지 못한다. 일본의 양적완화 사례가 있다고 하지만 현재 상황과 단순 비교하기 어렵다. 일본경제는 제로금리와 양적완화정책의 추진에도 불구하고 경기침체가 장기화되고 자산가격도 별다른 반응을 보이지 않았기 때문에 제대로 된 출구 전략을 추진해보지도 못했다.

미래의 불확실성이 높기 때문에 금리를 자극할 수밖에 없다. 정책금리 추가 인상과 보유자산 축소라는 출구 전략을 잘못 조합할 경우에 경기 모멘텀은 상실되고 금리만 상승될 리스크가 잠재해 있기 때문이다. 정책금리인상과 미 연준의 국채 매각 등으로 수급 불안이 가중되어 금리가 급등할 경우 자산가격 급락 등으로 경기가 예상보다 빨리 침체에 빠질 수 있기 때문이다.

세 번째, 미 연준의 출구를 찾기 위한 전략이 예상보다 빨라질 수도 있다는 점이다. 신임 제롬 파월 의장 역시 완만한 긴축 통화기조를 천명하고 있지만 이 기조가 지속될지는 미지수다. 미국 경기가 재정확대 정책 및 제4차 산업혁명 붐 등으로 예상보다 과열되거나 유가 등 원자재가격 상승과 임금 상승 등으로 인한 인플레이션 리스크가 부각된다면 미 연준이 출구를 찾는 속도는 더욱 빨라질 것이다.

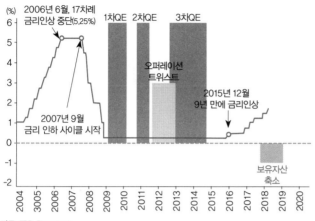

〈그림 5-5〉 미국 통화정책 추이

자료: FRB, Bloomberg

금융위기 이후 미 연준은 경기회복을 위해 금리인 및 양적완화 등 다양한 완화적 통화정책을 실시해왔고, 이제 미국 경기가 점차 정상화되면서 기존 정책을 걷어들이는 수순을 밟아갈 전망이다.

이미 2018년 3월 FOMC회의 이후 발표된 점도표를 보면 알 수 있듯이 2018년 금리인상 폭은 유지되었지만, 2019년 금리인상 폭은 2017년 12월 점도표보다 상향 조정되었다. 미 연준 내 매파적 목소리가 점차 커지고 있음을 시사해주는 대목이다. 재정수지 적자 확대가 불가피한 트럼프노믹스정책 역시 미 연준 내 매파적 목소리가 커질 수 있는 또 다른 변수이다.

미국 국채 금리는 이미 미 연준의 통화정책 기조에 따라가고 있다. 2016년 중반 1.5%까지 하락했던 10년물 국채 금리는 2018년 3월 중순 현재에서는 2.9%대로 배 이상 상승했다. 미 연준의 출구 찾기가 지속될 것임을 감안하면 시중금리는 미 연준에 맞서지 않고 상승 흐름을 유지할 공산이 높다.

물가 리스크를
주목하자

물가가 주요 중앙은행의 목표치인 2% 선에 다가서고 있다. 경기회복에 따른 고용시장 개선 및 원자재가격 상승이 수요견인 및 비용 상승 인플레이션 압력을 높일 것이다.

중앙은행들, 물가 고민이 높아진다

각국 중앙은행의 통화정책의 목표는 크게 2가지로 요약된다. 물가안정과 지속 가능한 경제성장이다. 한국은행의 통화정책은 팁에서 볼 수 있듯이 물가안정과 안정적 경제성장을 목표로 하고 있다. 미 연준의 통화정책도 고용확대, 물가안정 및 장기금리 안정이라는 3가지 경제적 목표를 두고 있다. 통화정책이 성장과 더불어 물가안정에 얼마나 중요성을 부여하고 있는지를 단적으로 보여주고 있다.

물가의 중요성은 중앙은행이 성장률 목표치를 제시하지 않지만 물가는 목표치를 제시하고 있어 확인된다. 성장률 목표치를 중앙은행이 제시하지 않는 이유는 자칫 금융시장에 오해를 촉발할 수 있고 목표치를 제시한다고 해도 달성이 힘들기 때문이다.

반면에 물가의 경우 정책을 통해 어느 정도 통제할 수 있다는 전제하에 물가 목표치를 제시하고 이를 달성하기 위한 정책을 실시하고 있다. 이는 물가 압력이 높아지거나 낮아진다면 자동적으로 통화정책을 통해 이를 제어할 것임을 의미한다.

실제로 금융위기 이후 물가 압력이 지나치게 낮아지면서 중앙은행들이 적극적인 인플레이션 정책을 실시했다. 금리를 낮추고 유동성을 확대해 물가 압력을 높이는 노력을 수년간 했다. 무엇보다 디플레이션 리스크가 부각되면서 중앙은행은 깊은 고민에 빠지기도 했다.

이처럼 중앙은행의 정책을 좌우하는 물가가 꿈틀거리기 시작했다. 물가 리스크가 부각되기 시작했지만 과거와 같은 하이퍼 인플레이션(hyper-inflation)이나 스태그플레이션(stagflation)을 우려하는 것은 아니다.

옐런 전 의장이 언급했던 고압경제(high pressure economy) 상황이 되면서 물가 압력이 점진적으로 높아지는 상황이다. 이를 뒷받침해주는 것이 앞서 언급한 GDP 갭의 플러스 전환이다. 실제 성장률이 잠재 성장률을 상회, 즉 수요가 공급을 상회하면서 물가 압력이 높아지고 있다.

한국은행의 통화정책 목표

일반적으로 '통화정책'이란 한 나라에서 화폐(법정화폐 및 본원통화)의 독점적 발행권을 지닌 중앙은행이 경제 내에 유통되는 화폐(통화, 본원통화 및 파생통화)의 양이나 가격(금리)에 영향을 미치고, 이를 통해 화폐의 가치, 즉 물가를 안정시키고 지속가능한 경제성장을 이루어 나가려는 일련의 정책을 말한다.

「한국은행법」 제1조 제1항은 "한국은행을 설립하고 효율적인 통화신용정책의 수립과 집행을 통해 물가안정을 도모함으로써 국민경제의 건전한 발전에 이바지함"을 동법의 목적으로 규정하고 있다. 따라서 한국은행의 통화정책이 추구하는 최우선 목표는 물가를 안정시키는 일이라 하겠다.

물가가 안정되지 못하면 미래에 대한 불확실성이 높아져 전반적인 경제활동이 위축되고 소득과 자원 배분이 왜곡될 수 있을 뿐 아니라 서민생활의 안정도 해치게 된다.

한국은행은 통화신용정책 수행을 통해 물가안정을 도모하는 가운데 금융안정을 위한 정책적 노력도 함께 경주하고 있다.

자료: 한국은행

소비자물가 상승률, 중앙은행 목표치를 상회할까

미국, ECB 및 한국 등 주요 중앙은행의 물가 목표치는 공통적으로 2%이다. 중앙은행이 보는 물가지표는 다소 차이가 있지만 일반적으로 소비자물가 상승률을 보는 것이 무난하다. 소비자물가 상승률을 보면 국가별로 다소의 차이가 나타나고 있다. 미국을 제외하고 주요국 소비자물가 상승률은 2%를 하회하고 있다.

비록 소비자물가 상승률이 중앙은행 목표치인 2%를 하회중이지만 간과하지 말아야 할 것은 추세다. 한때 마이너스 물가 상승률 및 0% 수준에 근접하던 소비자물가 상승률이 동반 상승하고 있다. 미약하지만 물가 압력이 커지고 있음을 시사한다.

관건은 소비자물가 상승률이 중앙은행 목표선을 상회할 가능성이다. 결론부터 밝히면 미국을 제외하고 여타 주요국 소비자물가 상승률이 2018년중 중앙은행 목표선을 상회할 가능성은 낮다. 물가 압력이 높아지고 있지만 수요가 공급을 압도하면서 물가 압력을 상승시킬 동력이 커보이지 않는다. 미국을 제외하고 고압 경제 리스크가 크게 부각되지 않고 있다.

그렇다면 2018년 들어 물가 리스크가 왜 자주 언급되고 있을까? 크게 4가지 이유를 들 수 있다.

〈그림 5-6〉 주요국 소비자물가 상승률

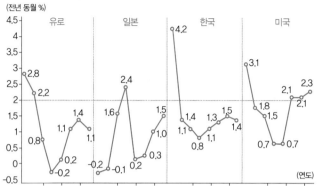

(전년 동월 %)

자료: Bloomberg
주: 기말 기준이며 18년은 2월 기준임

> 주요국의 소비자물가 상승률이 저물가에서 벗어나 뚜렷한 반등세를 보이고 있다. 물론 금융위기 이전에 비해서는 여전히 낮은 수준이지만 제로금리 수준을 감안하면 현 물가 수준은 결코 낮은 수준은 아니며 추가 상승세가 이어질 가능성도 높다.

첫 번째, 경기 사이클이다. 글로벌 경기 확장세가 강해지고 있다. 일부 경기와 관련된 불확실성 리스크가 있지만 글로벌 경기가 급격히 둔화될 가능성은 낮다. 글로벌 경기를 주도하고 있는 미국 경기의 전망은 더욱 밝아지고 있다. 미 연준도 미국경제 성장률을 상향 조정할 정도로 경기에 대한 자신감이 강해지고 있다.

유로 및 일본 역시 확장 기조를 유지할 공산이 높다. 여기에 이머징 경기가 모처럼 회복된 것은 글로벌 경기가 신뉴노멀 국면에 진입하고 있음을 뒷받침한다. 경기가 달아

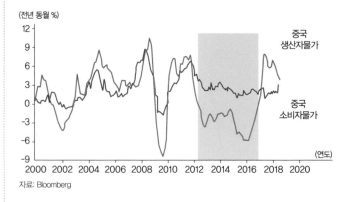

〈그림 5-7〉 중국 생산자물가 상승률

(전년 동월 %)

중국 생산자물가

중국 소비자물가

(연도)

자료: Bloomberg

글로벌 저물가의 한 요인이었던 중국 내 물가가 반등하고 있다. 중국 내 과잉투자 부담의 해소를 반영한 것이다. 당장은 아니지만 중국경제가 과잉투자 부담에서 벗어나고 있음은 글로벌물가가 점진적이지만 상승할 수 있음을 시사한다.

오르면 자연스럽게 물가 역시 상승할 수밖에 없다.

두 번째, 과잉해소다. 금융위기 이후 글로벌 경기의 저성장과 저물가 원인으로 여러 가지 이유를 들 수 있지만 과잉부담 역시 물가 압력을 크게 둔화시키는 요인이었다.

중국이 이를 대변하고 있다. 세계 공장을 자처했던 중국 제조업은 과잉투자 후유증으로 심한 몸살을 앓았다. 이를 보여주는 것이 생산자물가 상승률이다. 중국 생산자물가 상승률은 2012년 3월 이후 54개월간 마이너스 상승률을 기록했다. 이전에는 볼 수 없었던 장기 생산자물가 하락 추세였다. 생산자물가는 생산자 판매가격에 입각해 작성되는 물가 지수다. 생산자물가가 이처럼 장기간 하락했다는 것은 수요가 부진하거나 생산자가 과잉부담으로 어쩔 수 없이 제품을 싸게 팔 수밖에 없음을 의미한다.

금융위기 전후로 이미 과잉투자 부담을 안고 있었던 중국경제가 4조 위안의 추가적 경기부양책을 실시하면서 과잉부담이 한계를 넘어선 것이 생산자물가의 장기 하락 현상으로 나타났다. 중국의 과잉투자 문제는 여전히 진행형이다. 다만 과잉부담은 공급개혁 정책으로 완화되고 있으며, 이러한 추세가 생산자물가 반등으로 이어지고 있다.

중국의 생산자물가가 반드시 글로벌 투자 과잉 리스크를 대변하는 것은 아니지만 중요한 척도임은 부인할 수 없다. 중국 생산자물가의 상승, 즉 제품가격 결정력이 높아졌다는 것은 글로벌 수요 회복과 함께 과잉부담의 완화를 시사한다. 이러한 측면에서 현 추세가 유지될 경우 글로벌물가는 점진적 상승 기류를 탈 것이다.

세 번째, 고용시장 회복이다. 주요 선진국의 고용시장 회복이 경기 사이클에 크게 일조하고 있지만, 한편으로 잠재물가 압력으로 평가될 수 있다. 임금상승률과 물가 간 관계는 2가지 채널을 생각할 수 있다. 우선 임금상승률이 높을수록 수요에 긍정적 영향을 미친다.

소득 증가에 따른 소비 증가로 수요견인 인플레이션 압력을 높일 수 있다. 또 다른 채널은 임금상승은 생산 혹은

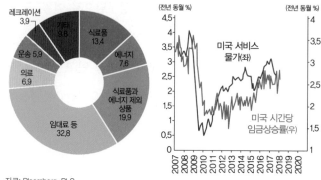

〈그림 5-8〉 미국 소비자물가 구성비와 서비스물가 추이

레크레이션
3.9
기타
9.8
식료품
13.4
운송 5.9
에너지
7.6
의료
6.9
식료품과
에너지 제외
상품
19.9
임대료 등
32.8

(전년 동월 %)
미국 서비스
물가(좌)
미국 시간당
임금상승률(우)
(전년 동월 %)

자료: Bloomberg, BLS

미국 소비자물가 구성항목을 보면 서비스물가가 큰 비중을 차지하고 있으며, 서비스물가에 큰 영향을 미치는 변수는 임금이다. 고용시장 개선에 따라 임금상승률도 높아지고 있어 미국 서비스물가, 더 나아가 미국 소비자물가 상승 폭이 확대될 가능성이 높아지고 있다.

서비스업체 입장에서는 비용상승이다. 수요견인 인플레이션과 대비되는 비용 상승 인플레이션 압력을 높일 것이다. 특히 미국 등 선진국의 경우 소비자물가 구성항목을 보면 상품보다는 서비스 부문의 구성비중이 상대적으로 높다.

〈그림 5-8〉의 미국 소비자물가 구성항목 비중을 보더라도 서비스항목이 60% 수준이다. 따라서 임금 상승 압력이 높아질수록 서비스물가가 자극을 받는 비용 상승 인플레이션 압력이 높아지는 것은 당연하다. 결국 선진국 고용 회복은 수요견인 및 비용 상승 인플레이션 압력을 동시에 높일 수 있는 중간 고리다.

네 번째, 유가 등 원자재가격의 상승이다. 역사적으로 물가 상승 압력이 높아진 국면에서 어김없이 유가 등 원자재가격은 급등했다. 대표적으로 1~2차 오일쇼크, 1990년대 초반 걸프전 및 글로벌 금융위기 당시에도 유가가 배럴당 150달러 선을 육박하는 등 원자재가격 급등 현상이 물가 불안을 초래했다.

가계와 기업활동에 유가가 직간접적으로 연관되어 있어 유가가 물가흐름에 중요한 역할을 했다. 2014년 초반까지 배럴당 100달러를 상회하던 유가는 중국 경기둔화와 미국 셰일오일의 폭발적 생산증가 등으로 인한 원유공급 과잉으로 2016년 초에는 20달러 초반까지 급락했다.

유가 급락현상은 물가에도 직격탄으로 작용했다. 경기둔화의 원인도 있지만, 유가 급락으로 일부 국가에서 소비자물가가 마이너스 상승률을 기록하는 디플레이션 리스크가 촉발되었다.

이처럼 물가흐름을 크게 좌우해온 유가가 반등하고 있다. 20달러 초반 수준까지 하락했던 유가가 어느 순간 70달러 수준에 근접했다. 상승률 기준으로 200% 이상 상승한 것이다. 물가가 들썩이는 여러 이유중 유가 급등 현상도 빼놓을 수 없다.

유가 전망은 엇갈리고 있다. 셰일 오일의 생산 확대가 재개되면서 과잉공급 현상이 재연될 수 있다는 의견이 있는 반면에 경기회복에 따른 원유 수요 증가, 달러화 약세 등으로 유가가 추가 상승할 수 있다는 의견으로 나뉜다.

유가 전망을 정확히 이야기하기 어렵다. 다만 글로벌 경기가 뚜렷한 회복세를 보이고 있고, 달러화도 약세 흐름이 강화한 것을 고려할 때 유가가 추가 상승할 개연성이 있다. 또한 유가 뿐만 아니라 제4차 산업혁명 관련 투자 확대의 영향으로 코발트 등 희귀 금속가격이 급등하고 있으며, 반도체 가격도 가파른 상승세를 기록중이다.

소위 비용 상승 인플레이션을 유발시킬 수 있는 원자재 가격 상승세가 강화되고 있다. 유가 등 원자재가격이 상당 기간 물가 둔화보다 상승 압력으로 작용할 공산이 높아졌다.

소비자물가 상승률이 중앙은행의 목표치인 2% 선을 단기간에 상회하지 못할 수 있지만 물가 압력이 점진적으로 상승하면서 금리정책 혹은 양적완화정책을 추진하는데 이전과 달리 중요한 고려 대상이 될 것이 분명하다.

더욱이 수요견인 및 비용 상승 인플레이션 압력이 동시에 높아진 것을 감안할 때, 물가가 예상 밖으로 빠르게 상승하면서 중앙은행의 금리인상 행보를 자극할 수 있다. 디플레이션 리스크가 소멸되고 인플레이션 리스크가 부각되는 국면이 도래했다.

트럼프노믹스도
금리 상승 리스크

미국 연방부채 규모가 트럼프 행정부의 감세 등 재정지출 확대정책으로
인해 사상 최고치를 경신할 전망이다. 재정수지 적자 확대에 따른 국채
물량 증가는 금리 상승을 압박할 것이다.

미 연방부채, 역사상 최고치를 경신할 전망

도널드 트럼프 미국 대통령은 2017년 12월 22일 1조 5천
억 달러 규모의 감세를 골자로 한 세제개편안에 서명한 바
있다. 재정 확대정책을 중심으로 한 트럼프노믹스의 본격
적 추진을 알리는 신호다. 트럼프노믹스의 주된 정책은 감
세를 통한 경기부양이다. 이를 위해 법인세율을 이례적으
로 인하했다. 35% 수준이었던 최고 법인세율을 사상 최저
수준인 21% 수준까지 인하했다.

트럼프의 세제개편안은 미국 경기에 긍정적 영향을 미
칠 것이다. 기업들의 설비투자 확대 등으로 미국 GDP 성

장률이 상승할 것으로 예측되고 있다. 미 펜실베이니아대학교 '펜 와튼 예산 모델(PWBM)'연구소 분석에 따르면 트럼프 세제안 효과로 2018~2027년도 미국 GDP 성장률은 연간 0.06~0.12%p 증가할 것으로 추정했다.

트럼프노믹스가 당장은 미국 경기에 득이지만 실을 우려하는 목소리도 높다. 세제개편안 실시로 향후 10년간 미국의 재정수지 적자는 약 1조 1천억 달러 증가할 것으로 전망하고 있다. 문제는 트럼프노믹스가 여기에 그치지 않을 수 있다는 데 있다. 트럼프 행정부가 제2차 감세안 및 인프라 투자 확대 계획을 밝히고 있다. 재정에 추가로 부담을 가중시키는 정책들이다.

연방부채의 추가 증가는 불가피하다

미국 연방부채는 2017년 기준 GDP 대비 105.4%이다. 제2차 세계대전 이후 가장 높은 수준이지만 연방부채가 추가로 증가할 것이 불보듯 명확하다. 트럼프노믹스 정책이 궁극적으로 재정수지 적자 확대로 연방부채를 증가시킬 것이기 때문이다.

1980년대 초반 레이건노믹스 사례를 주목할 필요가 있다. 1982년 레이건 행정부는 제2차 오일쇼크로 인한 스태

레이거노믹스 (Reaganomics)

미국 로널드 레이건 대통령이 재임기간(1981~1989년) 동안 수행한 재정정책을 중심으로 한 경제정책을 가리킨다.

〈그림 5-9〉 미국 연방부채 추이와 미국 최고 법인세율 추이

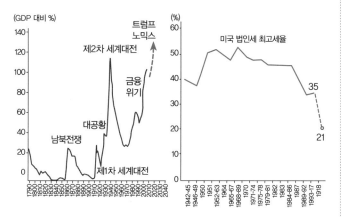

자료: CBO, Tax Policy Center

> 트럼프 행정부의 법인세율 인하 등 감세정책 등이 미국 재정수지 적자 폭을 확대시키면서 미국 정부의 부채도 증가시킬 전망이다. 이미 제2차 세계대전 이후 가장 많은 정부부채를 기록하고 있는 미국이지만 트럼프 노믹스 정책 등으로 국가 부채가 규모가 사상 최고치를 경신할 공산이 높아지고 있다.

그플레이션을 탈피하기 위해 법인세 및 개인 소득세 인하 등을 중심으로 한 레이건노믹스를 추진했다. 레이건노믹스 정책 추진 결과, 미국경제는 스태그플레이션에서 벗어나는 성과를 보였다.

　그러나 한편으로 재정수지 적자 확대라는 부작용도 촉발되었다. 1980년 GDP 대비 2%대였던 재정수지 적자 규모는 1985년에는 5%대까지 증가했다. 이와 같은 과도한 재정수지 적자는 경상수지 적자와 함께 미국 쌍둥이 적자 리스크를 촉발시키면서 마침내 1985년 플라자 합의의 촉매제 역할을 했다.

트럼프노믹스 결과로 레이건노믹스의 전철을 밟을지는 불확실하다. 그러나 재정 확대정책으로 재정수지 적자와 연방부채 증가를 피하기 어렵다. 특히 GDP 대비 연방부채 규모는 향후 역사상 최고치를 경신할 공산이 높다.

부채가 많다는 것은 신용도 악화와 상환 부담으로 이어지는 것이 일반적이다. 물론 기축통화국이며 세계경제를 주도하고 있는 미국경제가 부채로 파산할 가능성은 거의 없다. 그러나 부채 상환 등을 위해 추가로 국채를 대량 발생할 가능성이 높고, 국가 신인도에도 영향을 줄 수 있다.

유럽 재정위기 당시 PIGS 사례처럼 국채 금리가 급등하는 현상은 발생하지 않겠지만, 재정수지 적자 확대와 연방부채 급증이 잠재적 금리 상승 요인임을 부인할 수 없다. 당장은 아니지만 채권시장이 트럼프노믹스 결과를 예의 주시하면서 민감하게 움직일 공산이 커지고 있다.

PIGS

PIGS 또는 PIIGGS는 '돼지들'이란 의미로 2010년 유럽 재정위기가 닥친 포르투갈, 이탈리아, 아일랜드, 그리스, 스페인, 영국을 말한다. 원래는 PIGS 4개국이었는데, 'I'는 아일랜드, 'G'는 영국으로 추가되어 PIIGGS 6개국을 지칭하기도 한다.

글로벌 금융위기 이후 금리와 경기 간 관계를 보면
상관관계가 약화되었다. 저성장·저물가로 대변되는 뉴노멀 국면에서
금리는 경기 사이클을 무시한 채 움직였다.

저금리 후유증이 일부 가시화되는 상황에서 미국을 중심으로 한 주요 중앙은행의 유동성 축소정책이 새로운 위기를 촉발하지 않을까 하는 우려감이 높아지고 있다. 2018~2019년은 금융시장에서 자주 회자되는 10년 위기설이 맞물리는 시기다. 미 연준 등 중앙은행들이 선제적인 통화정책 가이던스를 통해 부작용을 최소화하려는 노력을 하고 있지만, 10년 만에 맞이하는 금리 상승·물가 급등·달러화 강세와 같은 뜻밖의 블랙스완은 또 다른 위기의 빌미를 제공할 수 있다.

6장

2018~2019년
또 다른 위기가
찾아오나?

이번에는
안전할까?

이번 금리인상 사이클은 이전과 다르다라고 강력히 주장할 사람은 아무도 없다. 오히려 역사는 반복된다는 격언처럼 이번 금리인상 사이클에서도 위기가 늘 찾아올 수 있음을 경계해야 한다.

미국 금리인상 국면에 늘 위기가 발생

일부지만 미국이 본격적 금리인상 국면에 접어들면 위기가 곧 닥쳐올 것이라는 주장이 늘어나고 있다. "역사는 반복된다"는 말이 있듯이 글로벌 경기와 금융시장은 미국이 금리를 인상할 때마다 공교롭게 침체와 조정을 경험했다.

1970~1980년대 초에 미국경제는 유가 급등으로 인한 고물가 상황으로 정책금리가 20% 가까이 인상되면서 2차례의 경기침체를 경험했다. 1990년 초, 경기침체 역시 걸프전 영향으로 인한 유가 급등도 원인이지만, 이전 미국 정

〈그림 6-1〉 미국 금리인상 사이클과 금·은 가격 비율

자료: Bloomberg, CEIC

> 미국 금리인상 추세가 각종 위기를 자극할 가능성이 높아지고 있는 가운데 위기의 또 다른 신호는 금·은 가격 비율이 상승하고 있다. 금·은 안전자산을 대변하는 자산으로 위기 신호가 강해질수록 금에 대한 수요가 증가하면서 금 가격이 빠르게 상승한다.

책금리인상이 경기침체의 주된 원인이었다.

2000년 IT버블 붕괴 역시 과도한 IT투자·주가버블 리스크가 정책금리인상으로 직격탄을 맞아 발생했다. 이러한 금리인상과 경기침체, 자산가격 붕괴 간 역사는 2008년에 다시 재연된 바 있다. 2005년 말부터 시작된 금리인상 사이클은 글로벌 경기와 금융시장을 대공황 직전 수준까지 몰고 갔다.

미 연준이 이미 금리인상에 나섰고 1~2년 내에 추가로 금리를 인상할 것임을 예고하고 있다. 글로벌경제와 금융시장에 경고등이 켜졌다. 금리인상과 함께 위기의 신호로 보는 시그널 중에 하나인 은가격 대비 금가격의 비율 역시 리스크가 다가오고 있음을 시사해준다. 여기에 근거는 다소 빈약하지만 위기가 10년마다 반복된다는 10년 주기설까지 대두되면서 위기 긴장감이 높아지고 있다.

이번 금리인상 국면도 위험할 수 있다

금리인상으로 위기가 찾아오면 이전보다 경기와 금융시장 침체의 골이 예상보다 깊을 수 있다는 주장도 있다. 이전 사이클과 달리 글로벌 경기가 지나치게 정책, 특히 통화정책에 의존하고 있어 금리인상 등 정책 기조 전환에 취약하지 않을까 하는 우려 때문이다.

미 연준, 유럽중앙은행과 일본은행의 자산총액 합계는 2017년 기준, 약 14조 4천억 달러다. 양적완화정책이 실시되기 이전인 2008년 초에 비해 약 11조 달러가 증가한 것으로 미국, 유로 및 일본의 명목 GDP 합계 대비 39%다. 2008년 3개 중앙은행 자산총액이 GDP 대비 19%에 비해 2배 이상 증가한 것이다.

단순하게 생각하면 약 10년간 11조 달러의 제로금리 수준의 유동성이 금융기관, 자산시장, 가계 및 기업 등에 유입되면서 자산가격 상승과 경기회복에 기여한 것이다.

다만 문제가 있다면 10년(2008~2017년) 동안 미국, 유로 및 일본 명목 GDP 증가액이 약 2조 8천억 달러에 불과하다는 점이다. 2001~2008년까지 약 7년 동안 미국, 유로와 일본 명목 GDP가 약 12조 4천억 달러가 증가한 것과 비교하면 실망스러운 수치다.

위기 이후 저성장 추세가 원인이지만 제로금리와 약 11조 달러의 유동성을 투입하고도 결과는 빈약하다. 더욱 큰 문제는 다가올 미래다.

제로금리와 유동성 확대 효과가 사라질 경우 선진국 경기가 과연 성장세를 유지할 수 있을지가 관건이다. 특히 금리가 상승할 경우 양적완화정책으로 증가한 11조 달러는 부메랑으로 돌아올 수 있다.

중앙은행이 푼 유동성이 전부 시중으로 유입되지 않았지만 상당 금액은 각종 경제 주체와 자산시장으로 유입되었다. 금리가 제로 수준에서 움직이지 않는다면 다행이지만 금리가 상승하면 이자 부담이 증가할 것이다.

단순 계산만으로도 금리가 1% 상승할 때마다 이자 부담 금액은 연간 1천억 달러 이상 증가한다. 1천억 달러는 2017년 기준으로 미국, 유로, 일본 명목 성장률의 0.27%에 해당하는 금액이다. 연간 2.7%의 성장도 버거운 상황에서

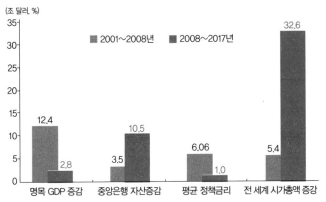

〈그림 6-2〉 주요 선진국(미국·유럽·일본) 명목 GDP, 중앙은행자산,
　　　　　　정책금리 및 시가총액 비교

(조 달러, %)

■ 2001~2008년　■ 2008~2017년

명목 GDP 증감: 12.4 / 2.8
중앙은행 자산증감: 3.5 / 10.5
평균 정책금리: 6.06 / 1.0
전 세계 시가총액 증강: 5.4 / 32.6

자료: Bloomberg, CEIC, 세계은행
주: 전 세계 시가총액은 2016년 말 기준임

> 금융위기 이후 GDP 규모 증가 수준에 비해 주식시장의 시가총액 증가
> 규모가 지나치게 크다. 금리인상시 주식시장 등 각종 자산가격이 큰 폭
> 으로 조정받을 수 있는 리스크가 잠재해 있음을 시사한다.

성장률에 1/10 수준의 이자 부담을 안고 성장동력을 유지
하기는 쉽지 않다.

　자산시장이 받을 충격은 이보다 더할 수 있다. 제로금리
를 활용한 레버리지 투자와 캐리 트레이드(Carry Trade) 투
자를 통해 자산시장에 유입되었던 자금이 금리 상승으로
이탈할 경우 또다시 각종 자산가격의 폭락을 촉발시킬 수
있다.

레버리지

'지렛대'라는 의미로 금
융계에서는 차입을 의미
한다. 빚을 지렛대로 투
자 수익률을 극대화하는
레버리지는 경기가 호황
일 때 효과적인 투자 방
식이다. 낮은 비용(금리)
으로 자금을 차입하여
수익성 높은 곳에 투자
하면 차입비용을 상환하
고도 이익을 얻을 수 있
기 때문이다.

캐리 트레이드

저금리로 조달한 자금을
활용하여 다른 국가의 특
정 유가증권 혹은 상품에
투자하는 거래를 의미한
다. 즉 이자가 싼 국가에
서 차입한 자금으로 수익
이 높은 다른 국가에 투
자하는 기법이다. 금융기
관들은 낮은 금리로 자금
을 조달해 미국의 장기
채권이나 석유·금·구리
등 국제원자재상품이나
신흥시장의 증시 등에 투
자해 수익을 얻는다. 투
자 성공시에는 고수익을
거둘 수 있는 반면 실패
시 위험이 크다는 단점을
지니고 있다.

과열된 자산가격은 떨고 있다

자산가격이 과열 혹은 버블인지는 앞에서도 언급한 바와 같이 현 시점에서 정확히 알 수 없다. 가격이 기대보다 많이 상승했다고 반드시 과열 혹은 버블로 단정 짓기도 어렵다. 경제 혹은 산업 패러다임 변화와 함께 노령화 등과 같은 인구 사이클이나 사회구조 변화 등이 특정 자산의 내재적 가치를 크게 상승시킬 수 있기 때문이다. 자산가격 상승이 추세적 현상인지 투기적 현상인지는 시간이 지나서 확인될 것이다.

그럼에도 불구하고 자산가격 버블 논란을 주목하지 않을 수 없다. 이번 금리인상 사이클이 이전과 같이 글로벌 경기에 충격을 준다면 그 시발점은 자산가격 급락에서 시작될 것이다. 'Everything Bubble(모든 자산가격의 과열 현상)'이라는 새로운 버블 용어가 탄생할 정도로 금융위기 이후 극소수의 자산을 제외한 모든 자산가격이 동시에 급등했다.

모두에게 가장 친숙한 주식과 채권가격을 보자. 주가의 경우 국가별로 다소의 차이는 있지만 2018년 2월 말 기준으로 미국 다우 주가지수는 2009년 초에 저점대비 약 250% 이상 상승했고, 2010년 초 이후에 배 이상 상승했다. 위험자산인 주가가 큰 폭의 상승세를 기록하는 가운데 안

전자산인 채권가격 역시 상대적으로 높은 상승 폭을 기록
했다. 중앙은행의 저금리정책과 양적완화정책이 위험자산
과 안전자산가격을 동시에 상승시켜준 것이다.

〈그림 6-3〉을 보면 주가와 채권가격 이외에도 여타 자산
들도 2010년 이후에 높은 가격 상승 폭을 보여주고 있다.
미국 상업용 부동산가격이 73%의 상승세를 보여주고 있지
만, 이는 가상화폐 및 제4차 산업혁명과 연관된 상품가격의

〈그림 6-3〉 주요 자산가격 상승률 비교

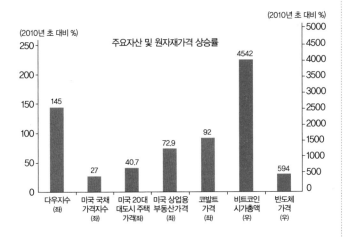

자료: Bloomberg, BIS, Blockchain.com
주: 1) 비트코인 시가총액은 2013년 기준 대비 2017년 시가총액임. 2) 국채가격지수는 Bloomberg 국
채 가격지수 사용

> 각종 자산가격이 금융위기 이후 큰 폭의 상승세를 기록하고 있다. 자산
> 가격 상승 폭이 크다고 조정의 빌미가 될 수 없다. 그러나 자산가격 상
> 승 요인이 펀더멘탈보다 유동성 확대 효과에 기인한 점도 무시할 수 없
> 어 향후 유동성 축소 및 금리 상승시 일정 부문 조정받을 여지는 배제할
> 수 없다.

상승 폭에 비해 초라한 수준이다. 우선 제4차 산업혁명 관련 투자 확대로 코발트 가격이 2010년 초 대비 92% 상승했고, 반도체 가격은 거의 600% 상승했다.

자산가격의 절정은 가상화폐다. 가상화폐를 대표하는 비트코인 가격은 2010년 중반 0.08달러에 불과했지만, 2018년 초 한때 1만 5천 달러 상승, 13만 배나 폭등했다. 이에 비트코인 시가총액도 4,500배 이상 급팽창했다. 비트코인 등 가상화폐에 대한 버블 논란이 거세게 일어날 수밖에 없는 이유다.

각종 자산가격의 상승에는 서로 다른 이유가 있다. 일례로 반도체 가격, 테슬라 및 FANG 주가의 경우 제4차 산업혁명의 탄생이라는 경제 및 산업 패러다임의 변화가 중심에 있다. 주가·채권·부동산가격의 상승 배경도 다소 차이가 있다.

'Everything Bubble(모든 자산가격의 과열 현상)' 현상 뒤에는 초저금리와 과잉 유동성이 있다. 따라서 'Everything Bubble' 현상은 금리 상승 사이클과 양적완화 축소가 예고되는 2018~2019년에 갑자기 꺼질 수 있는 잠재위험이다. 특히 이번 금리 상승 국면에서 'Everything Bubble' 현상이 위험성이 높아질 수 있다고 생각하는 이유는 다음과 같다.

첫 번째, 과도한 가격 상승에 대한 부담감이다. 투자를 하는 입장에서 비싸다는 생각만큼 부담스러운 것도 없다.

글로벌 금융위기로 일부 자산을 제외하고 대부분의 자산가격이 폭락했지만, 다행히 중앙은행의 공격적인 통화정책으로 자산가격은 예상외로 빠르게 반등했다.

저금리 현상이 장기화되면서 유동성이 갈 길을 찾지 못했고, 대부분 자산시장으로 유입되었다. 최소한 은행에 예금하는 것보다 높은 수익률을 기대할 수 있었기 때문이다. 기업 역시 저성장과 과잉투자 부담으로 저리의 자금을 설비투자 확대로 이용하기보다는 자사주 매입 혹은 부동산 매입 등에 활용하면서 자산가격 상승에 일조했다.

그러나 자산가격에 대한 투자자들의 생각이 변화하기 시작했다. 각종 자산가격이 실제 가치보다 과대 평가되고 있다는 의구심이 생겨나고 났다. 가상화폐가격이 대표적이다. 아직 제4차 산업발전과 관련해 가상화폐 가치가 제대로 평가받지 못했다는 주장을 하는 측도 있다.

현시점에서 주목해야 할 것은 가상화폐가격 역시 저금리를 활용한 투기적 투자로 인해 수년간 빠른 속도로 가격이 상승했다는 점이다. 가상화폐에 대한 적절한 가치평가가 이루어져야 할 시점이다. 금리는 자산가치 평가에 있어 주요한 지렛대. 금리가 낮을수록 상대적으로 각종 자산가격의 평가 가치는 상승할 것이다. 반면에 금리가 상승하면 자산가격 평가 혹은 매력도 떨어질 수밖에 없다.

예를 들어 채권가격과 금리는 역의 관계이다. 금리가 상승하면 채권가격은 떨어질 수밖에 없다. 그동안 각국 중앙은행이 금리를 인하해 제로금리를 유지했고, 국채와 모기지 등 마저도 매입했다. 즉 공급에 비해 수요가 강한 상황에서 채권가격이 상승하는 것은 당연했다.

하지만 상황이 역전되고 있다. 아직 미 연준만 금리를 인상하고 있지만 2019년에는 유럽중앙은행과 영란은행이 금리인상 사이클에 동참할 수 있다.

여기에 수급 여건도 불리해질 것이다. 미 연준은 보유자산을 축소, 즉 시장에 채권을 내다 팔고 있으며 유럽중앙은행과 일본은행도 2018년 말 혹은 2019년에 채권매입을 중단할 전망이다. 그렇다면 수요에 비해 공급이 많아질 수밖에 없다. 투자자 입장에서 채권가격의 하락 기대감이 높은데 채권에 투자를 꺼릴 것이다. 결국 금리 상승에 따라 채권가격의 적정 가치도 하락할 수 있다.

다른 예를 들어보자. 일드갭(Yield Gap)은 주식의 벨류에이션과 금리의 비교를 통해 주식투자의 메리트 혹은 채권 대비 주식 투자의 매력이 있는지를 가늠할 때 사용하는 지표이다.

일드갭 = 주식투자 기대 수익률(Earnings yield) − 장기금리

(주: Earnings yield= 1/ PER)

단순하게 주식투자 기대 수익률이 동일하다고 가정할

경우에 장기금리 수준이 1%에서 3%로 상승한다면 일드갭은 축소될 것이다. 금리가 높아지면 굳이 리스크 자산인 주식에 투자할 이유가 줄어들게 되는 것이다.

두 번째, 조달비용 혹은 레버리지 비용의 상승이다. 미 연준의 금리인상으로 시중금리가 상승하면서 가계나 기업의 자금 조달 비용도 덩달아 높아졌다. 글로벌 조달 혹은 차입비용을 대표하는 리보금리(London inter-bank offered-rate, 3개월)가 급등중이다. 2018년 3월 기준 리보금리는 2.3% 수준까지 상승하면서 2008년 말 이후 가장 높은 수준을 보여주고 있다. 리보금리는 미 연준의 정책금리를 0~0.25%까지 인하하면서 2014년 4월에는 0.22%까지 하락한 바 있다.

기업들이 달러 표시 자금을 차입하는 데 있어 금리 부담이 2014년보다 2.1%p나 높아진 것이다. 리보금리가 미 연준의 정책금리에 거의 연동하고 있음을 감안할 때 2019년 기업들의 달러 차입금리는 2014년에 비해 최소 3%p 이상 증가할 것이다. 여기에 기업별로 신용도 차이가 있어 일률적으로 얘기할 수는 없지만 금리 상승시 가산금리가 더욱 높아질 것을 감안해 2019년 달러 자금 조달비용이 2014년보다 4~5%p 상승할 것으로 예상하는 것이 타당하다.

가계 역시 조달비용, 차입금리가 상승하는 것은 유사하다. 미국 30년 모기지금리는 2018년 3월 4.34%이다.

리보금리

런던 금융시장에서 은행 간 자금을 대출할 때 적용되는 이자율. 런던 금융가에 있는 일류 은행들끼리만 자금 거래에 적용하는 대표적인 단기금리로 영국은행들의 모임인 영국은행연합회(BBA)가 글로벌 은행 회원들로부터 보고 받은 금리 자료를 바탕으로 금융정보회사인 톰슨 로이터가 계산해 배포한다. 그러나 최근에는 런던이 아니라 뉴욕의 은행간 거래금리, 즉 뉴욕 리보 금리가 금융거래의 기준금리로 주로 이용되고 있다. 뉴욕 금융시장이 글로벌 금융시장에서 차지하는 위상이 높아졌기 때문이다.

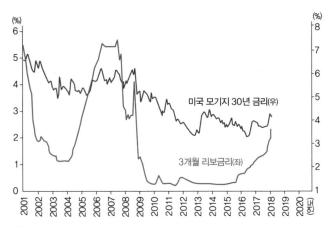

〈그림 6-4〉 조달비용 상승을 대변하는 리보금리와 미국 모기지금리 추이

자료: Bloomberg

글로벌 자산가격의 조정 신호로 리보금리의 급등도 지적할 수 있다. 2018년 3월 말 기준으로 리보금리는 2.3% 수준까지 상승하면서 2008년 말 이후 가장 높은 수준을 보여주고 있다. 리보금리가 각종 달러 금리를 대변한다는 측면에서 조달금리의 상승은 유동성 위축 가능성을 시사하는 동시에 자산가격의 조정 압력을 높인다.

2016년 9월에 모기지 금리가 3.34% 수준까지 하락했던 것과 비교해 약 1%p 상승했다. 모기지금리의 상승도 여기에 그치지 않을 것이다. 미 연준이 2019년 말까지 약 1% 이상의 정책금리를 추가로 인상한다면 모기지금리 역시 5% 초중반까지 상승할 것으로 예상된다.

서브프라임 사태가 촉발된 2007년 6% 초반대 수준은 아니지만, 서브프라임 사태 발생 직전 수준까지 모기지금리가 상승할 수 있다는 것은 주택가격 등 부동산가격에 달갑지 않은 움직임이다. 자칫 일부 과열된 부동산가격을 중심으로 부동산가격도 조정을 받을 수 있는 잠재 위험이 높아지고 있다.

세 번째, 부채 상환 부담 증가다. 금리가 상승할 때 가장 고민이 많은 사람들은 빚을 지고 있는 사람, 즉 채무자들이다. 물론 미 연준 이외에 금리를 인상하는 국가는 '극소수'라는 점에서 금리 상승에 따른 부채 상환 리스크가 단기적으로 크게 부각될 가능성은 낮다. 하지만 부채 리스크를 안심할 수 없다.

당장 금리인상 사이클에 접어든 미국의 가계부채 리스크가 주목된다. 미국의 경우 2008년 금융위기를 거치면서 모기지 부채를 중심으로 가계부채를 상당부문 줄인 상황이어서 모기지 부채 관련 상환 부담은 크지 않다.

문제는 자동차 구매를 위한 오토론과 학자금 대출이 금리 상승에 큰 영향을 받을 수 있다는 점이다. 2017년 말 기준으로 오토론 잔액은 약 1조 2,200억 달러로 2000년 초에 비해 약 70% 증가했다. 학자금 대출 잔액 역시 지속적으로 증가중이다.

모기지대출에 비해 규모가 크지 않다는 점에서 이들 부채가 금리 상승으로 커다란 위기로 이어지지 않겠지만 가계의 부채 부담을 높일 가능성은 충분하다. 더욱이 금리 상승으로 인해 오토론 금리가 상승할 경우 미국 내 자동차 판

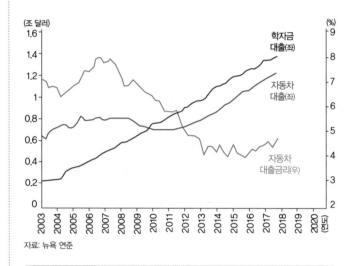

〈그림 6-5〉 미국 가계부채 중 모기지부채를 제외한 주요부채 추이

자료: 뉴욕 연준

글로벌 금융위기가 미국 모기지 부채에서 촉발된 바 있듯이 저금리정책의 부작용으로 미국 자동차 대출과 학자금 대출이 금융위기 이후 큰 폭으로 증가했다. 물론 이전 모기지 부채 리스크와 비교할 수준은 아니지만 금리 상승 국면에서 가계의 빚 부담이 높아지는 것은 분명하다.

매 등에 큰 타격을 받을 수 있고, 이는 미국 경기 사이클의 둔화 리스크로 이어질 수 있다.

미국뿐만 아니라 2019년 ECB, BOE 등이 금리인상 사이클에 동참하고, 여타 이머징 국가들도 금리인상 사이클에 가세한다면 2019년부터 부채 리스크가 전면에 부각될 수 있다.

금리 상승에 따른 부채 리스크는 가계보다 기업부채 리스크를 높일 수 있다. 앞서 금융위기 이후 이머징 기업들을 중심으로 기업부채가 급격히 증가했음을 지적한 바 있다. 미 연준의 금리인상은 기업들의 달러 차입금리가 상승함을 의미한다.

현재 미 연준의 정책금리 수준은 기업들이 어느 정도 버틸 수 있는 금리 수준이지만, 2018~2019년까지 미 연준이 추가로 정책금리를 인상할 경우 달러 표시 부채가 많은 기업들은 부채 상환 리스크에 직면할 수 있다. 특히 저금리에 근근이 버텨온 좀비 기업들이 글로벌 금리 상승 추세를 극복할 수 있을지는 의문이다.

금리 상승에 따른 기업부채 리스크 중심에는 중국 기업부채가 있다. 중국 정부가 기업부채 규모를 줄이기 위한 정책을 지속적으로 추진하고 있지만, GDP 대비 162%(2017년 9월 말 기준) 달하는 기업부채는 금리 상승 국면에 부채 상환 및 파산 리스크를 높일 것이다. 이전 금리 상승 국면에서 가계부채가 위기를 촉발시켰다면, 이번 금리인상 사이클에서는 기업부채가 또 다른 위기의 원천이 될 수 있다.

신용리스크도 다시 보자

금리인상 국면에서 또 하나 주목할 리스크는 신용리스크다. 금융위기 이후 유럽 재정위기와 중국발 이머징 금융불안 당

자료: 세인트루이스 연준

> 아직 미국 신용스프레드 수준을 감안할 때 신용위험을 염려할 단계는 아니지만, 미 연준의 추가 금리인상시 신용리스크가 상승할지는 지켜볼 필요가 있다.

시 신용리스크가 이슈화되었지만, 그때마다 금리 인하와 추가 양적완화정책 등으로 봉합되어 왔다. 동시에 신용위험이 높은 기업이나 국가들 역시 파산의 고비를 넘겨왔다.

아직도 신용리스크는 역사적으로 낮은 수준에 있다. 신용리스크를 보여주는 지표인 투기등급(BAA) 회사채금리에서 우량등급(AAA) 회사채금리 간 스프레드를 보면 낮은 수준에 있다. 금융시장에서 신용리스크를 아직 우려하고 있지 않다는 의미다. 즉 투기등급 기업들의 자금 조달에 큰 어려움이 없음을 시사한다.

문제는 이러한 추세가 앞으로 지속될 것인지다. 미국 금리인상 사이클이 지속되고, 유럽중앙은행과 일본은행이 양적완화정책 축소에 나설 경우 당연히 기업들의 조달금리는 상승한다. 이 과정에서 신용등급이 낮은 기업들의 채무불이행 사태가 빈발할 여지가 있다.

앞서 지적한 기업부채 리스크가 가시화될 것이다. 모건스탠리에 따르면 시장에서 거래되는 BBB등급 회사채 물량은 2조 5천억 달러로 사상 최대 수준이다. 5년 전의 1조 3천억 달러, 10년 전의 6천 860억 달러를 크게 상회하는 수준이다.

기업뿐만 아니라 국가신용도가 낮은 국가들의 채무상환 리스크도 크게 부각될 수 있다. 금융위기 이후 이머징 국가들은 달러 표시 부채를 과도하게 늘려왔다. 금리 상승시 상환 부담이 커지는 부메랑을 맞이할 수 있다. 이머징뿐만 아니라 선진국, 특히 유로존 재정 혹은 금융기관 부실 리스크가 다시 조명받을 수 있다. 그리스 사태로 대변되는 유럽 재정위기는 완전히 치유되지 못한 채 양적완화정책을 통해 임시 봉합되어 있다.

따라서 ECB의 통화정책 기조가 전환될 경우 일부 유로존 국가의 재정 리스크 혹은 은행들의 부실 리스크가 언제든지 재발할 수 있다. 결국 그동안 잊고 있었던 신용리스크가 금리인상 사이클에 맞춰 2018~2019년까지 금융시장 위기의 뇌관이 될 수 있다.

금융시장의 새로운 리스크인 테크래시

인터넷 기업들의 반발을 뜻하는 신조어인 '테크래시(Techlash)'도 금융시장의 새로운 리스크다. 각국이 국민 사생활 보호 등의 이유로 정보 장악력을 강화하는 IT 공룡들을 공격할 가능성이 커지고 있다. 테크래시와 함께 일부 IT 기업들의 실적이 예상을 크게 하회하면서 IT기업들의 주가가 급락하는 현상이 빈발하고 있다.

금융위기 이후 저금리에 기반한 인터넷 기업들의 고성장, 그리고 제4차 산업혁명의 부상으로 IT산업은 글로벌 성장을 견인하는 중추적 역할을 담당해왔다. 특히 저금리로 갈 곳 잃은 막대한 자금은 신생 인터넷 기업들의 자금줄 역할을 했다. 즉 2010년대 들어 인터넷 기업들이 급성장할 수 있었던 요인 중에 저금리 효과도 빼놓을 수 없다.

인터넷을 포함한 제4차 산업혁명이 향후에도 글로벌 경기, 산업, 금융시장을 주도할 것이라고 믿어 의심치 않지만, 금리인상 사이클을 맞이해 인터넷 및 제4차 산업혁명 기업들의 성장세가 일시적으로 주춤해질 가능성은 배제할 수 없다. 특히 제4차 산업혁명에 대한 눈높이는 높은 편이지만 대중들이 소비할 수 있는 제4차 산업혁명 관련 제품의 출시는 아직 미진한 상황이다. 여기에 금리 수준이 상승, 즉 조달비용이 상승한다면 수익성이 낮은 인터넷 및 제4차

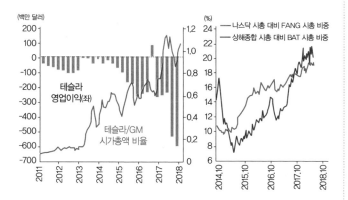

〈그림 6–7〉 테슬라 시가총액 추이 및 미국 FANG과 중국 BAT 시가총액 비중

자료: Bloomberg
FANG은 미국 IT업계를 선도하는 기업으로 페이스북(Facebook), 아마존(Amazon), 넷플릭스(Netflix), 구글(Google) 등 4개 기업을 지칭. BAT는 중국의 3대 IT업체로 떠오른 바이두(Baidu, 百度), 알리바바(Alibaba, 阿里巴巴), 텐센트(Tencent, 腾讯)를 지칭하는 용어임.

> 제4차 산업혁명을 대변하는 기업 중에 하나인 테슬라의 영업적자 폭이 확대되고 있고, 미국 FANG 기업의 주가도 흔들리면서 일부에서 제4차 산업혁명 사이클의 지속 가능성을 우려하는 목소리가 높아졌다.

산업혁명 기업들이 어려움에 직면할 것이다.

성장산업의 둔화는 글로벌 경기·자산시장에도 큰 영향을 미칠 것이다. 일례로 제4차 산업혁명의 총아라 할 수 있는 '테슬라(Tesla)'가 큰 시련을 겪고 있다. 한때 테슬라의 시가 총액은 미국 자동차산업을 상징하는 GM의 시가총액을 상회했지만 이제는 파산이 우려되고 있다. 성장에 대한 의구심이 금융시장에서 커지고 있기 때문이다.

신 성장산업 기업의 도산은 언제나 있었고 금리와는 무관할 수도 있다. 그러나 이번 경우는 다를 수 있다. 2010년대 들어 인터넷, 제4차 산업혁명 관련 기업들이 비약적으로 성장할 수 있었던 이유는 저금리에 기반한 풍부한 유동성이 주식 및 채권시장으로 유입되면서 가능한 것이었다. 즉 수익성을 담보할 수 없는 신생 성장산업에 자금이 대폭 유입될 수 있었던 배경에는 그만큼 저금리로 갈 곳 잃은 돈이 풍부했기 때문이다.

인터넷을 포함한 제4차 산업혁명이 글로벌경제와 금융시장의 근간을 이루고 있음은 분명하다. 하지만 금리인상 국면을 맞이하면서 일시적 성장통을 겪을 수 있다는 잠재적 리스크가 있다.

2018~2019년 긴축을 알리는 신호들

미 연준의 긴축 기조 강화 시그널은 이미 예고되었다. 25bp씩 6차례 정책금리인상을 단행한 미 연준은 2018년 중 추가로 최소 2차례, 2019년에도 최소 2~3차례 추가 금리인상을 하겠다는 계획을 점도표를 통해 공개적으로 시장에 밝혔다.

금리인상뿐만 아니라 보유 채권(국채와 MBS)의 재투자를 중단함으로써 보유자산 축소도 진행중이다. 테이퍼링(Tapering) 정책, 즉 B/S(balance Sheet) 축소 정책을 본격화

〈그림 6-8〉 미 연준, 금리인상 사이클과 자산축소 정책을 동시 진행할 계획

미국 정책금리인상 기간	금리인상 폭(%p)
1971~1975년	7.50
1977~1981년	14.25
1986~1989년	3.93
1992~2000년	3.50
2004~2006년	4.25
2015~2019년(예상)	2.50

자료: FRB, Bloomberg, CEIC

미 연준이 2018년중 3~4차례, 2019년 2~3차례의 금리인상과 더불어 자산 축소를 예고하고 있다. 특히 미국 경기와 물가를 감안할 때 미 연준의 긴축 기조가 예상보다 빨라질 수도 있어 금리인상으로 인해 금융시장이 받게될 부담감도 갈수록 커질 전망이다.

하고 있다. 현재까지 미 연준이 밝히고 있는 계획에 따르면 2017년 300억 달러에 불과했던 자산 축소 규모는 2018년 3,910억 달러, 2019년 4,640억 달러, 2020년 4,010억 달러로 4년간 1조 2,860억 달러에 이를 전망이다. 자산 축소 규모는 미 연준의 1차 양적완화 규모(1조 7,250억 달러)에 버금가는 수준이다. 향후 약 4년에 걸쳐 자산 축소가 진행될 것임을 감안하면 금융시장, 특히 금융시장에 미칠 영향은 적을 수 있지만 경계감을 놓을 수는 없다.

무엇보다 과거 사례를 찾아볼 수 없는 금리인상 사이클과 자산축소(유동성 축소)가 동시에 진행되면서 시중금리나 또는 자산가격에 미칠 영향을 사실 가늠하기 힘들다. 미 연준의 경우 완만하지만 금리인상과 자산 축소정책을 최소 2019년까지 지속할 공산이 높다.

　자산가격의 추가 과열 억제, 물가 상승 압력 통제 및 향후 다시 직면할 수 있는 위기에 대응하기 위한 정책 여력을 확보하기 위해서도 현 긴축 기조를 유지할 것으로 보인다.

　유럽중앙은행과 일본은행(BOJ)도 2018~2019년 통화정책 변화가 예상된다. 유럽중앙은행과 일본은행이 2019년 중 금리인상을 시작할지는 불확실하지만 양적완화정책을 중단 혹은 축소할 가능성은 높다. 유럽중앙은행이 2018년 말부터 먼저 양적완화정책을 중단할 전망이며, 일본은행 역시 2019년중에는 최소한 양적완화 규모를 축소할 여지가 높다.

　유럽중앙은행과 일본은행의 양적완화 규모가 미 연준의 규모를 상회하고 있음을 감안할 때 글로벌 긴축 사이클이 2018년 말부터 본격화된다고 해도 과언이 아니다. 유동성 축소와 더불어 시중금리의 상승도 불가피해 보인다. 양적완화정책을 통해 유럽중앙은행과 일본은행이 국채를 매입해왔지만 이를 중단할 경우 국채 금리의 상승, 즉 시중금리의 상승으로 이어질 것이기 때문이다.

<그림 6-9> 2006년 일본은행 보유자산 축소 사례

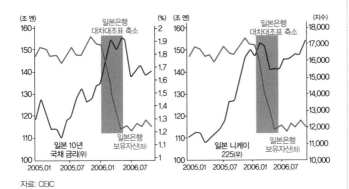

자료: CEIC

일본은행의 자산보유 축소시 금리는 상승하고 주가는 하락한 바 있다. 이번 미 연준의 자산축소시 금리와 주가에 적지 않은 영향을 줄 것으로 예상된다.

　통화정책이 예상 가능한 수준에서 추진된다는 측면에서 금융시장이 통화정책 변화에 대한 대응력을 키울 수 있다. 그러나 수년간 익숙해져 있던 양적완화정책 중단이 금융시장에 별다른 충격을 주지 않고 소위 연착륙할지는 여전히 미지수다. 이 사례와 같이, 즉 주요 중앙은행이 동시에 양적완화정책을 중단했던 사례가 없었다는 점은 금융시장의 불안을 자극하고 있다.

　그나마 2006년 일본은행의 사례를 참고할 수 있다. 일본은행은 2001년 3월부터 2006년 3월까지 담보부 유동성 지원(34조 엔), 장단기 국채매입(19.5조 엔) 등을 통해 확대된

대차대조표 규모를 2006년 3월부터 같은 해 8월까지 상당 부문을 감축했다.

대차대조표 축소는 금융시장에 적지 않은 영향을 미쳤다. 주가가 2006년 5월 9일~6월 14일까지 -17.2% 하락했고, 금리의 경우 0.6%p(2006년 1월~5월) 상승했다. 엔화 가치는 초반 절상(+6.7%, 2006년 4월 중순~5월 중순)되다가 이후 조정(-6.0%, 2006년 5월 중순~2006년 7월)되는 추세를 보였다. 이는 양적완화 축소 효과이지만 금융시장의 변동성을 높인 것은 분명하다.

또한 미 연준의 양적완화정책 축소 혹은 중단될 때마다 금융시장이 긴축발작, 소위 텐트럼(Tantrum, 발작현상)을 보인 바 있다. 2018~2019년 미 연준을 필두로 주요국 중앙은행이 유동성 축소에 동시에 나설 경우 긴축발작 현상이 예상보다 강하게 빈발하면서 금융시장 역시 큰 동요를 보일 수 있다.

금리 급등을 유발할
블랙스완은 무엇인가?

유가 상승, 임금 등 잠재적 물가 불안 요인이 대두되고 있고, 차입금리 상승에 따른 신용리스크가 이전보다 커졌다. 여기에 트럼프 대통령의 좌충우돌 정책도 금리를 자극할 수 있는 불안 요인이다.

물가 압력 리스크

미 연준 등 중앙은행 통화정책 기조에 가장 큰 영향을 미치는 변수로는 성장률도 있지만 물가 리스크를 빼놓을 수 없다. 글로벌경제가 그동안 저물가에 시달렸고, 아직도 저물가 기조에서 벗어나지 못하고 있는 상황은 통화정책과 관련된 우려감을 낮추는 요인이다. 즉 미 연준 등 주요 중앙은행들이 긴축 기조로 선회하더라도 긴축의 속도가 과거에 비해 더딜 수 있다는 기대감은 물가에서 비롯되고 있다.

그러나 물가 압력이 높아진다면 상황도 달라질 것이다. 미 연준의 금리인상 속도가 시장의 기대보다 빨라질 것이

> **블랙스완(Black Swan)**
>
> 생각하지 못한 혹은 도저히 일어날 것 같지 않은 일이 일어나는 것을 얘기하는 용어로, 월가 투자전문가인 나심 니콜라스 탈레브가 그의 저서 『검은 백조(The black swan)』를 통해 서브프라임 모기지 사태를 예언하면서 자주 사용하게 되었다.

고, 유럽중앙은행과 일본은행도 서둘러 양적완화정책을 종료한 이후 금리인상에 나설 수 있다.

여타 국가도 마찬가지다. 아직 미 연준의 통화정책과 차별화된 통화정책, 즉 금리 인하정책을 고수할 수 있는 것도 물가안정세가 유지되고 있기 때문이다. 만약 예상 밖으로 물가 압력이 높아진다면 이머징 국가들도 금리인상 사이클에 동참할 것이다.

그렇다면 물가 압력이 예상 밖으로 높아질 가능성을 고민할 필요가 있다. 물가 압력이 확대될 가능성은 낮지만 배제할 수 없는데, 그 이유는 크게 4가지로 요약된다.

첫 번째, 유가의 추가 상승이다. 역사적으로 물가 압력이 확대되는 국면에는 어김없이 유가 등 원자재가격 급등 현상이 동반되었다. 비용 상승 인플레이션(cost push inflation)이 물가 압력 확대의 주된 요인으로 작용해왔다. 현재 유가 등 원자재가격은 안정세를 유지하고 있다. 국제 유가의 경우 배럴당 20달러 초반에서 60달러대까지 상승했지만 아직 물가 리스크를 촉발시킬 정도의 높은 수준은 아니다. 더욱이 셰일오일 생산으로 인한 원유 공급과잉 이슈는 유가의 추가 상승을 제어하는 역할을 하고 있다.

그렇다고 안심할 수는 없다. 글로벌 경기가 좋아지고 있고 미국경제는 금년 트럼프노믹스 효과 등으로 예상보다 높은 성장률을 기록할 여지가 있다. 미국 외 경제 역시 양

〈그림 6-10〉 유가와 미국 소비자물가

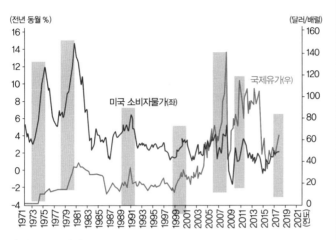

자료: Bloomberg, CEIC

국제유가 급등은 늘 물가 상승으로 이어졌다. 유가가 물가에 미치는 영향이 크다는 점을 시사한다. 국제유가가 배럴당 70달러 수준에 육박하면서 또 다시 유가발 물가 상승 리스크가 커지고 있다.

호한 확장 흐름을 유지중이다. 경기회복, 즉 수요확대로 유가가 추가로 상승할 수 있음을 의미한다.

달러화 흐름도 추가로 유가를 상승시킬 수 있는 변수이다. 향후 달러화 흐름을 예단할 수 없지만 금리인상 사이클에도 불구하고 트럼프노믹스의 불확실성, 즉 재정수지 적자 확대 등으로 달러화 가치가 급락할 경우 유가가 급등할 여지가 있다.

유가가 배럴당 70달러대 후반 혹은 80달러대 수준까지 상승한다면 물가 상승률이 미 연준이나 여타 중앙은행의 물가목표선(2%)을 상회할 수 있다. 이는 선진국을 중심으로 통화 긴축 속도를 빨라지게 하는 동시에 이머징 국가의 완화적 통화정책을 중단시키는 결과를 초래할 수 있다.

두 번째, 임금상승 폭 확대이다. 미국 소비자물가 구성항목을 보면 식료품 및 에너지 등 상품 비중이 약 40.9%이며, 나머지는 서비스 관련 항목이 59% 정도를 차지하고 있다. 상품가격의 움직임도 중요하지만 서비스가격 흐름이 소비자물가에 큰 영향을 미칠 수밖에 없는 구조다. 이러한 서비스항목의 가격은 주택가격도 중요하지만 임금 흐름에 민감하다.

다행히 경기회복 기조에도 불구하고 임금상승 폭은 크지 않았고, 이에 따른 서비스물가의 상승 폭 역시 제한적이었다. 그러나 미국 고용시장이 강한 개선세를 보여주고 있다. 실업률이 완전 고용 상황에 근접하는 수준까지 하락하면서 임금 상승 폭이 확대될 징후가 감지되기 시작했다. 미국뿐만 아니라 독일 및 일본의 고용시장도 빠른 개선세를 보여주고 있다.

물론 다양한 이유로 고용시장의 개선 속도에 비해 임금상승 폭은 빠르게 상승하지 않지만 안심할 수 없는 것이 고용시장 상황이다. 즉 향후 고용시장의 개선세가 지속된다면 본격적으로 임금상승세가 가시화될 수 있다. 유가발 비

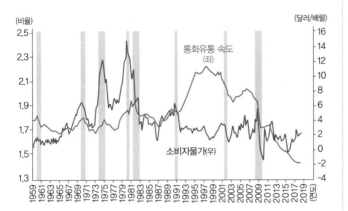

〈그림 6-11〉 미국 통화유통 속도와 소비자물가

자료: 세인트루이스 연준, CEIC

> 통화유통 속도가 급격히 둔화된 것도 저물가 현상의 원인 중에 하나였
> 다. 경기회복과 더불어 그동안 하락했던 통화유통 속도가 반등할 경우
> 예상보다 물가 압력이 크게 높아질 수 있다.

용 상승 인플레이션보다 임금 상승발 비용 상승 인플레이
션 리스크가 커지고 있다.

세 번째, GDP의 갭 플러스 전환이다. 금융위기 이후 장
기간 마이너스로 흐름을 보이던 미국 GDP 갭이 플러스로
전환되었다. GDP 갭이 잠재 성장률 대비 실질 성장률 차
이를 의미하는 지표라는 점에서 GDP 갭 플러스 전환은 성
장, 즉 수요가 높아지고 있음을 시사한다. 비용 상승 인플
레이션과 대비되는 수요견인(Demand pull) 인플레이션 압
력이 확대될 수 있다는 것이다.

미국뿐만 아니라 유로존, 일본 역시 GDP 갭이 마이너스 국면에서 탈피하고 있어 글로벌 전체적으로 성장회복에 따른 수요견인 인플레이션 압력도 확대될 가능성이 커졌다. 경기회복세가 지속될 경우 비용 상승과 수요견인 인플레이션 압력이 복합적으로 물가 압력을 자극할 수 있다.

네 번째, 통화유통 속도 회복이다. 저물가흐름을 유지하는데 큰 역할을 한 변수중에 통화유통 속도의 하락을 들 수 있다. 물가 압력을 높이는 여러 변수중 금융위기 이전에는 통화량 증가가 큰 비중을 차지했다. 과도한 유동성이 각종 상품가격을 자극하면서 물가 압력을 높였다. 이에 따라 이전 통화정책이 통화량 조절에 초점을 맞춘 것은 통화량이 물가에 미치는 영향이 컸기 때문이다.

2000년대에 통화유통 속도와 물가 간 상관관계가 약화되었다. 그러나 통화유통 속도가 회복된다면 물가 압력을 높일 수 있는 변수임은 분명하다.

경기가 살아나면서 통화유통 속도도 회복될 가능성이 높아지고 있다. 통화유통 속도가 향후 물가 압력에 적지 않은 영향을 미치거나 물가 상승 속도를 자극할 가능성이 커지고 있다.

통화유통속도

일정 기간에 특정 국가의 경제에서 생산되는 모든 재화 및 서비스 거래를 위해 통화가 사용된 횟수를 의미한다. 이론적으로는 명목 국내총생산(GDP)을 시중 통화량(M2·광의통화)으로 나눠 계산한다.

신용리스크 부각

물가 압력과 더불어 예상치 못한 금리 급등 요인으로 신용리스크를 들 수 있다. 과거에도 금리 상승 국면에서 각종 신용리스크가 이슈화되면서 금융시장이 큰 혼란을 경험했음을 상기해야 한다. 실제로 OIS 스프레드가 금융위기 이후 가장 높은 수준까지 상승하면서 신용경색 내지 자금시장 경색 현상의 우려감을 높여주고 있다.

미 연준의 금리인상 및 보유자산 축소가 미약하지만 금융기관들의 유동성 상황을 악화하고 있다. 앞으로 미 연준의 금리인상 사이클이 지속되고 유럽중앙은행과 일본은행의 양적완화정책마저 중단된다면 자금경색 현상은 더욱 심화될 것이다.

보유 유동성이 풍부하고 신용등급이 좋은 기업은 자금조달비용이 크게 상승하지 않겠지만, 신용등급이 낮거나 좀비 기업들의 경우 더이상 값싼 금리로 자금을 조달하는 것이 힘들어질 것이다. 국가 역시 비슷하다. 저금리로 자금을 조달해 국가부채 등을 상환할 수 있지만, 금리가 지속적으로 상승하고 자금경색 현상이 심화되면 부채 상환 부담이 커지면서 제2의 그리스 사태가 발생할 잠재적 위험이 커질 수밖에 없다.

물론 신용경색 리스크가 글로벌 전체적으로 금리를 급

> **OIS 스프레드**
>
> 국내외 금융기관 간 하루짜리 초단기 외화대출 금리다. 콜금리 변동성을 헤지하기 위해 고안된 스왑으로 리보(Libor)와 OIS 사이의 스프레드는 자금시장의 스트레스 혹은 신용경색 상황을 보여주는 중요한 지표로 여겨진다.

등시키지는 않을 것이다. 미국과 독일 같은 우량국가의 금리는 안전자산 선호에 따른 글로벌 자금의 국채매입 확대로 국채 금리, 즉 시중금리가 하락할 수 있다. 반면에 신용상태가 불량하고 부채가 많은 국가 또는 기업들의 경우 시중금리나 조달금리가 폭등할 수 있다. 즉 신용리스크가 국가 간 혹은 기업 간 차별화 현상을 심화시킬 것이다.

무엇보다 신용리스크 부각에 따른 자금경색 현상 심화는 주가 및 원자재가격·이머징 통화 가치를 급락시키는

〈그림 6-12〉 신용경색 리스크를 보여주는 OIS 스프레드

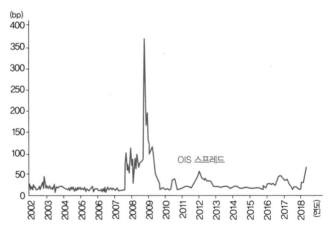

자료: Bloomberg

그동안 움직이지 않던 신용리스크가 부각되고 있다. 물론 신용리스크의 반등 폭은 과거에 비해 제한적 수준이지만, 단기 자금시장을 중심으로 신용리스크가 부각되고 있는 것은 사실이다. 미 연준의 정책금리 추가 인상이 신용리스크를 더 상승시킬지 주시해야 할 것이다.

동시에 경기침체 리스크로 이어질 것이다. 2008년 글로벌 금융위기, 2010년대 초반 유럽 재정위기가 대표적 사례다.

트럼프노믹스의 불확실성 확대

트럼프 대통령이 당선된 이후 금융시장은 많은 우려를 했다. 트럼프 대통령의 정책이 어디로 튈지 예상하기 힘들 수 있다는 우려 때문이다. 다행히 집권 1년차는 세제개편을 중심으로 한 경기와 금융시장 친화적인 정책을 추진함으로써 미국 주가도 예상 밖의 상승세를 기록했다.

그러나 트럼프 대통령 집권 2년차에 진입하면서 우려했던 리스크가 부각되기 시작했다. 대외적으로는 관세 인상을 통한 글로벌 무역 갈등을 촉발시키고 있고, 대내적으로 재정 확대정책으로 재정수지 적자 리스크를 현실화하고 있다. 소위 트럼프노믹스의 불확실성 리스크가 확대되는 양상이다.

무역전쟁으로 지칭될 정도로 트럼프 행정부의 보호무역주의가 강화되고 있음은 글로벌경제에 부정적 영향을 미치는 것뿐만 아니라 미국경제에도 중장기적으로 악영향을 미칠 수밖에 없다. 트럼프 행정부의 보호무역주의 정책이 향후 더욱 강화될지는 좀더 지켜볼 필요가 있지만 일부 수입 품목의 관세 인상은 시차를 두고 미국 내 물가 압력을 높일 것이다. 즉 관세 인상에 따른 수입 물가 상승이 소비자물가를 자극할 것이기 때문이다.

특히 트럼프 행정부의 보호무역주의가 더욱 강화될 경우, 가능성은 낮지만 예상치 못한 비용 상승 인플레이션 압력을 높이면서 미국 내 소비 위축과 함께 물가 압력 확대가 동반되는 스태그플레이션 압력도 자극할 수 있다.

미국의 재정수지 적자 확대도 금리에는 악재다. 이미 트럼프 행정부는 10년간 1조 5천억 달러 규모의 감세정책을 실시중이다. 여기에 추가로 인프라 투자확대, 제2차 감세정책 실시 및 실현 가능성은 낮지만 멕시코 국경 장벽 건설 등 재정수지 악화를 초래할 수 있는 정책을 추진할 계획이다. 당연히 미국 재정수지 적자 규모의 확대는 불가피해 보인다.

재정수지 적자 확대에 채권시장이 민감한 반응을 보이는 이유는 재정수지 적자를 보전하기 위해 국채발행을 확대해야 하기 때문이다.

가뜩이나 미 연준에서 금리를 인상하고 보유한 국채마저 매각하는 와중에 트럼프 정책에 따른 국채발행 물량 증가 기대감은 금리 상승 흐름을 증폭시킬 수 있다. 최악의 경우 미국 국가 신용등급이 다시 하락하는 사태가 재발할 여지도 있다.

　미 연준의 긴축정책보다 트럼프노믹스의 불확실성이 향후 글로벌경제와 금융시장의 최대 블랙스완이 될 가능성도 충분히 있다.

한국의
위기 발생 가능성

대외발 금융 불안보다 한국경제가 걱정해야 하는 위기는 국내 위기다. 한·미 간 정책금리 역전은 국내 정책금리의 상승으로 이어지면서 부동산시장과 연관된 가계부채 리스크를 자극할 수 있다.

국내 정책금리인상 압력이 높아진다

미 연준의 금리인상 사이클에서 국내 정책금리 사이클이 자유로울 수 있을까? 단적으로 말할 수 없지만 자유롭지 못할 가능성이 크다. 국내 경기와 물가 추이를 보면 한국은행이 서둘러 정책금리를 추가로 인상할 필요성은 커 보이지 않는다. 소비자물가 상승률은 1%대로 한국은행 물가 목표선 2%를 크게 하회하고 있다. 성장률 역시 2017년 3.1%로 3년 만에 3%대 성장률을 기록했지만 성장 모멘텀이 유지될지도 불확실하다. 한국은행이 서둘러 긴축사이클을 강화해야 할지 불확실하다.

이러한 상황에도 불구하고 국내 정책금리인상의 불씨는 꺼지지 않고 있다. 가장 큰 이유는 한·미 정책금리 역전 리스크다. 미 연준이 2018년중 2~3차례 금리인상을 추가로 단행할 경우 한·미 정책금리 격차는 0.5%~0.75%p로 확대된다. 한·미 정책금리가 반드시 위기 신호는 아니지만 한국은행 입장에서 마냥 무시할 수도 없다. 외국인 자금이탈로 국내 금융시장이 불안해질 수 있기 때문이다.

물론 이전에도 한·미 간 정책금리가 역전될 당시에도 자금이 이탈한 사례는 없었지만 가능성이 잠재해 있음을 부인할 수는 없다.

2018년 2월 말 기준으로 외국인의 국내 채권보유액은 103.4조 원으로 전체 상장채권의 6.2% 수준이다. 만약 미 연준의 추가 금리인상으로 인한 한·미 금리의 역전현상이 심화될 경우 국내 채권에 대한 외국인의 투자 메리트는 떨어질 것이며, 이는 채권시장에서 외국인 이탈을 자극할 수 있다. 외국인 자금이 이탈할 경우 수급악화로 국내 시중금리는 상승할 것이다. 주식시장에서도 외국인 자금이탈을 자극할 수 있다. 동시에 외국인 자금이 국내에서 빠져 나간다면 원화 가치에도 부정적 영향을 미치는 것은 당연하다.

소위 채권가격·주가·원화 가치가 동반 하락하는 트리플 약세 현상으로 나타나면서 국내 경기 사이클에도 부정적 영향을 줄 것이다.

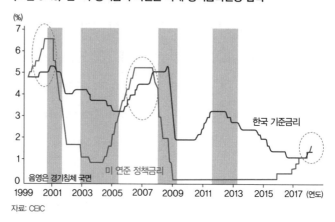

〈그림 6-13〉 한·미 정책금리 역전은 국내 정책금리인상 압력

자료: CEIC

> 한·미 정책금리가 역전되었다. 당장 외국인자금의 이탈을 자극하지는 않겠지만 미 연준의 추가 금리인상으로 역전폭이 확대될 경우 국내 정책금리의 인상 압력으로 작용할 것이다.

다소 교과서적인 해석이긴 하지만, 한국은행 입장에서 한·미 정책금리 역전에 따른 외국인 자금이탈을 방지하기 위한 최소한의 보호장치는 마련해야 할 필요가 있다. 결국 미 연준의 금리인상을 100% 추종하기는 어렵지만 한국은행 입장에서 최소한 금리 역전 폭을 일정 수준에서 유지하는 금리정책을 실시할 수 있다. 2018년 하반기와 2019년 중에도 국내 정책금리가 인상될 수 있다.

하지만 다행인 것은 우려했던 가계 신용증가율이 둔화되고 주택가격 상승률도 다소 진정되는 모습을 보이고 있어 한국은행의 금리인상 부담을 덜어주고 있다는 점이다.

그러나 가계 신용증가율이 재차 반등하거나 서울지역을 중심으로 한 주택가격 상승세가 제대로 통제되지 못한다면 한국은행의 정책금리인상 속도도 예상보다 빨라질 수 있다.

부채와 부동산 리스크 늪에 동시에 빠질 수 있다

국내에서 금리가 상승하면 어떤 부문이 가장 취약할까? 그 것은 부동산시장과 연결된 가계부채다.

우선 국내 가계부채 현황을 살펴볼 필요가 있다. 한국은행 발표에 따르면 2017년 가계부채 규모는 2016년 대비 120조 6,720억 원 증가한 1,687조 3천 억 원이다. 2017년 순처분 가능 소득이 907조 7,275억 원이라는 점을 감안하면 처분 가능 소득 대비 가계부채 비율은 185.9%로 또 다시 역대 최대치를 경신했다. 2017년 국내총생산(GDP) 규모 1,730조 원과 비교해서도 97.5%(GDP 대비 부채 비중)를 차지해 역시 사상 최대치를 기록했다.

부채 규모뿐만 아니라 가계부채 리스크에 주목할 수밖에 없는 또 다른 이유는 소득 증가 속도에 비해 부채 증가 속도가 빠르기 때문이다. 2017년 처분 가능 소득은 2016년에 비해 4.5%(39조 원) 증가하는데 그친 반면에 부채는 7.7%(121조 원)이나 증가했다. 2016년 처분 가능한 소득 증가율은 최근 10년간(2008~2017년) 연평균 증가율에도 못 미치는 등 빚이 늘어나는 속도를 소득 증가 속도가 제대로 따라가지 못하고 있다.

부채 증가에 비해 소득 증가 속도가 낮다면 당연히 상환 능력이 떨어지면서 부채가 늘어나는 악순환에 빠질 것이다. 여기에 금리 상승으로 이자 부담이 늘고 가계부채의 대부분을 차지하는 부동산가격마저 금리 상승으로 조정을 받는다면 가계의 부채 부담은 큰 폭으로 증가된다.

문제는 금리가 이미 소폭 상승하면서 부동산가격 조정 시그널이 감지되고 있다는 것이다. 향후 부동산가격을 예상하는 것은 힘들지만 최소한 금리 상승 국면에서 부동산가격의 추가 상승을 예상하기도 어렵다.

부동산가격 조정의 시그널은 전세가격 흐름에서 가시화되고 있다. 2017년 하반기에 들어서면서 전국 전세가격 상승률은 전년동기 대비 0%대의 보합권을 기록하고 있다. 2015~2016년도 월평균 전세가격 상승률 4%대 수준과 비교하면 큰 폭으로 상승률이 둔화된 것이다. 서울지역 전세가격 상승률도 2% 초반대로 전국 전세가격 상승률에 비해서는 높지만, 2015~2016년 월평균 전세가격 상승률 6%대와 비교해서는 큰 폭으로 둔화되었다.

전세가격 상승과 저금리에 기반한 갭투자가 활성화되었

<그림 6-14> 아파트가격의 변수인 전세가격과 정책금리

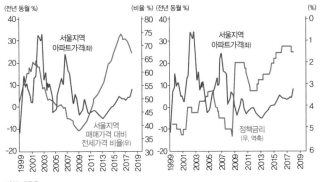

자료: CEIC

> 금리 상승과 부동산 규제책에 힘입어 전세가격 상승률이 하락하기 시작했다. 과거에도 국내 정책금리가 인상되는 국면에서 주택가격 상승률이 둔화된 바 있다.

다는 점을 감안할 때, 전세가격 상승률 둔화는 주택 등 부동산가격의 조정 신호로 해석해볼 수 있다. 과거에도 매매가격 대비 전세가격 비율이 하락세를 보이면 시차를 두고 매매가격 상승률이 둔화 내지 하락하는 추세를 보여왔다. 이러한 추세가 금리 상승 국면과 맞물릴 경우 아파트 등 부동산가격의 조정이 본격화될 가능성을 배제할 수 없다.

그럼 금리 상승시 국내 가계부채에 미칠 충격은 어느 정도일까? 이에 대한 대답은 쉽지 않다. 금리 상승이 실제 부동산 경기 및 성장에 미칠 영향을 종합적으로 고려해야 하기 때문이다. 그럼에도 불구하고 금리 상승으로 국내 가계

<표 6-1> 금리 상승과 이에 연관된 주택가격 하락에 따른 잠재적 위험가구의 DSR 분포 변화

(단위: 만 가구, 조 원)

DSR		40~50	50~60	60~80	80+	잠재적 위험가구
금리 상승 폭	0%p	5.4 (4.2)	4.8 (4.8)	6.4 (9.3)	15.8 (36.1)	32.4 (54.4)
	1%p	8.4 (9.9)	4.3 (4.3)	7.5 (8.9)	16.3 (39.2)	36.5 (62.3)
	3%p	13.0 (28.3)	5.9 (6.5)	9.2 (15.5)	20.7 (48.5)	48.8 (98.9)

자료: 한국금융연구원
(단위: 만 가구, 조 원)
주: 1) 괄호 안은 해당가구의 금융부채 2) 금리 1%p, 3%p 상승시 주택가격 각각 2.7%p, 8.1%p 하락 가정 2) DSR은 대출을 받으려는 사람의 소득 대비 전체 금융부채의 원리금 상환액 비율(주택대출 원리금 상환액 + 기타 대출 원리금 상환액 / 연간 소득)임

금리 상승시 부채 상환과 관련된 잠재 위험가구가 크게 증가할 가능성이 높다.

부채 리스크가 확산될 여지가 높은 것은 분명해 보인다.

2018년 2월에 발표된 한국금융연구원의 분석에 따르면 대출금리가 1%p 상승하고 주택가격이 동시에 2.7%p 하락하는 경우 〈표 6-1〉에서 보듯 잠재적 위험가구 수가 4.1만 가구(32.4만 → 36.5만 가구) 증가하고, 금융부채는 총 7.9조 원 증가(54.4조 원 → 63.2조 원)할 것으로 분석했다.

물론 금리가 상승한다고 꼭 주택가격이 하락하는 것은 아니지만 개연성은 높다. 특히 저금리 영향으로 부동산담보대출이 급증하고 갭투자가 확대된 현상은 이전에 비해

금리 상승시 가계와 부동산시장이 받을 충격이 커질 수 있음을 뒷받침해주고 있다.

더욱이 앞서 지적한 바와 같이 최근 몇 년간 저성장세로 인해 가계소득 증가율이 부채 증가율을 따라가지 못하면서 저소득가계를 중심으로 재무건전성이 크게 악화된 상태이다. 또한 취약계층의 경우 변동금리 대출 비중이 높아 금리 상승시 이자 부담 증가로 채무부담이 여타 소득계층에 비해 크게 높아질 것으로 예상되고 있다.

〈표 6-2〉의 가구소득 분위별 재무건전성을 보더라도 소득 최하위계층인 소득 1분위의 경우 가처분 소득 대비 부채 비율은 소득 5분위에 비해 2.2배나 높다. 소득 1분위의 금융자산 대비 금융부채는 82.5%로 소득 5분위의 67%에 비해 크게 높은 수준이다. 문제는 저소득의 재무건전성이 추세적으로 악화되고 있다는 것으로 향후 금리인상 사이클이 본격화된다면 소득 하위계층을 중심으로 채무상환 불능 사태가 심화될 여지가 높다.

국내 가계부채가 한두 해의 이슈가 아니라는 점에서 가계부채 위험이 현실화될 가능성이 낮을 수도 있다. 그러나 부채 규모가 한계 수준에 있음을 감안할 때 이번 금리 상승 국면에서 자칫 주택가격이 큰 폭의 조정을 받는다면 예상보다 국내 가계부채 리스크가 조기에 현실화될 가능성이 있다.

〈표6-2〉가구[1] 소득 분위별 재무건전성

(단위: %, 만 원)

항목	전체	1분위	2분위	3분위	4분위	5분위
자산	44,478	18,075	23,158	30,316	41,860	85,824
금융자산	10,296	2,999	4,998	6,897	10,334	20,094
부채	10,324	4,050	5,456	7,371	9,925	19,422
금융부채	7,271	2,475	3,818	5,485	7,106	13,469
가처분소득	4,635	839	2,017	3,288	4,876	9,044
원리금 상환액	1,548	349	825	1,134	1,724	2,756
부채/자산	23.2	22.4	23.6	24.3	23.7	22.6
부채/금융자산	100.3	135.1	109.2	106.9	96	96.7
부채/가처분소득	222.7	482.7	270.5	224.2	203.6	214.8
금융부채/금융자산	70.6	82.5	76.4	79.5	68.8	67
원리금 상환액/ 가처분소득	33.4	41.6	40.9	34.5	35.4	30.5

자료: 한국금융연구원
(단위: %, 만 원)
주: 1) 부채보유가구 기준 2) 자산은 금융자산과 실물자산의 합이며, 실물자산은 부동산과 기타 실물
자산(자동차 등)를 합한 금액임 3) 금융자산은 저축액과 현 거주지 전월세 보증금을 합한 금액임, 4)
부채는 금융부채와 임대보증금을 합한 금액임 5) 금융부채는 담보대출·신용대출, 신용카드 관련 대
출·외상·할부미상환액, 겟탄후 불입금액을 합한 금액임

> 저소득층의 재무건전성이 취약한 상황이어서 금리 상승 폭이 확대될 경
> 우 저소득층을 중심으로 가계부채 리스크가 현실화될 여지가 있다.

주택가격 하락에 이은 가계부채 현실화가 국내 경기와
금융시장을 과거 1990년대 일본과 같은 장기 저성장국면
으로 진입시키는 역할을 할 수 있음도 염두에 두어야 할 것
이다.

경계해야 할
강달러 리스크

미국 금리 상승과 글로벌 금융시장이 경계해야 할 리스크는 강달러다. 강
달러 현상이 심화될 경우 글로벌 자금이 위험자산에서 이탈하면서 이머
징 금융시장의 위기가 재연될 공산이 높다.

강달러 현상, 엄청난 위기를 촉발할 수 있다

강달러 현상과 글로벌 금융위기는 항상 동반된다. 강달러
현상으로 위기가 발생하는지 위기로 인해 강달러가 되는지
는 인과관계를 정확히 밝힐 수는 없지만 두 현상이 동반되
는 것은 분명하다. 위기 발생 혹은 위기 발생 리스크가 커
지면 투자자들은 본능적으로 자금을 안전한 자산으로 옮기
려고 한다. 안전자산은 현금이나 금·달러 등 특정 자산이
될 수 있다.

현금의 경우 디플레이션 현상이 심화되는 국면, 즉 물가
가 지속적으로 하락하는 상황에서 안전자산 역할을 할 수

있지만 인플레이션 압력이 높아지는 국면에서는 안전자산이 될 수 없다. 자칫 하이퍼 인플레이션 현상이 발생하면 화폐는 휴짓조각이 될 것이기 때문이다. 단적으로 베네수엘라의 경우 2017년 6,000%, 2018년 10,000%로 예상되는 하이퍼 인플레이션 현상으로 인해 법정화폐를 포기하고 '페트로'라는 가상화폐를 도입했다.

전 세계적으로 위기시 금과 달러를 대체할 만한 안전자산이 없는 것이 현실이다. 금과 달러의 가치 상승 현상이 위기의 전조 현상으로 해석되는 이유이다.

이미 2008년 금융위기 이후를 포함해 몇 차례 강달러 현상이 동반된 위기를 경험했지만 향후 강달러 현상이 재연된다면 이전보다 큰 위기를 동반할 가능성이 높다. 강달러 현상이 글로벌 유동성 흐름의 급격한 변화를 초래하면서 자산가격의 급락을 초래할 것으로 예상되기 때문이다. 그 이유는 강달러 현상이 다음과 같은 리스크를 증폭시킬 수 있기 때문이다.

첫 번째, 레버리지 투자의 되돌림 가속화다. 주요 선진국 중앙은행의 양적완화정책은 캐리 트레이드를 자극하면서 글로벌 유동성 확대에 기여한 것은 주지하고 있는 사실이다. 제로금리에 가까운 달러 자금을 차입해 투자하는 달러 캐리 트레이드는 물론 유로 캐리 트레이드와 엔 캐리 트레이드 투자 등 막대한 레버리지 투자 자금이 글로벌 자산시

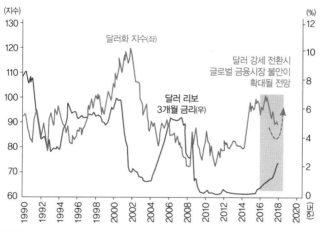

〈그림 6-15〉 달러화 강세시 레버리지 투자가 급속히 위축될 전망

자료: Bloomberg

금리 상승에도 불구하고 달러화 가치는 안정세를 유지중이다. 그러나 달러화마저 강세를 보일 경우 이머징시장을 중심으로 금융불안이 재연될 수 있다.

장에 유입되면서 자산가격의 급등을 유발했다.

중요한 것은 금리가 낮았지만 달러화 가치가 안정세를 유지한 이유는 글로벌 자금이 자유롭게 각종 글로벌 자산시장을 이동할 수 있었기 때문이다.

문제는 상황이 변화되었다는 현실이다. 금리, 즉 글로벌 차입금리를 대변하는 달러 리보금리가 큰 폭으로 상승하고 있어 이미 레버리지 투자기회가 줄어들고 있다. 여기에 달러마저 강세로 돌변한다면 자산시장에 유입된 레버리지 자금들이 동시에 이탈할 것이 자명하다. 과거에도 이러한 달러화 강세 전환으로 레버리지 투자의 되돌림현상이 있었다. 이번에는 레버리지 투자 이탈이 대규모로 나타날 개연성이 높다.

금융위기 이후 긴축발작이 그 어느 때보다 빈발한 것은 통화정책 변화에 따른 레버리지 투자 위축 우려를 반영하는 것으로 풀이해볼 수 있다. 결국 달러 강세 현상이 더욱 심화될 경우 레버리지 자금이탈로 자산가격에 미치는 파장은 예상외로 커질 수 있다.

두 번째, 부채 리스크 현실화다. 앞서 이머징을 중심으로 달러 차입이 금융위기 이후 큰 폭으로 늘어난 사실을 상기해보자. 2017년 9월 말 기준으로 이머징 국가 총부채 규모가 51.8조 달러로 2007년 말 대비 207%, 약 35조 달러가 증가했다.

대부분의 이머징부채 급증의 주범은 기업부채다. 이머징, 특히 이머징 기업들이 부채를 상환할 능력이 있다면 별다른 리스크가 아니겠지만 대부분의 부채는 상환보다는 롤오버(Roll Over: 금융기관이 상환 만기에 다다른 채무의 상환을 연장해주는 조치)를 통해 상환을 유예할 공산이 높다. 롤 오버시 차입금리가 시세에 따라 상승할 수밖에 없어 이자 부담이 높아질 것이다. 문제는 달러화가 강세를 보이면 부채 상환 규모가 금리 상승과 상관없이 늘어난다는 점이다.

예를 들어 환율 1천 원이었을 당시 1달러의 달러를 차입했다면 기업의 부채는 1천 원이었지만 환율이 1천 500원으로 상승하면 달러 기준 차입액은 1달러로 동일하지만 기업의 원화 기준 부채는 1천 500원으로 상승한다. 환율변동만으로 기업의 부채가 50%나 증가한 것이다.

달러화 강세 현상은 달러 표시 차입액이 큰 국가나 기업에 큰 부담을 줄 수밖에 없다. 여기에 미 연준의 금리인상과 양적완화 축소정책으로 돈을 빌려주는 글로벌 금융기관이 대출을 회수할 경우 부채가 많은 국가나 기업들은 채무상환 부담에 직면할 수밖에 없다.

달러 강세와 연동된 부채 리스크 파장이 더욱 확대시킬수 있는 잠재적 요인은 중국 기업부채 리스크다. 이미 중국 기업부채가 한계점에 이르고 있다. 만약 달러화 강세로 글로벌 자금경색 현상이 심화된다면 중국 기업부채 리스크가 글로벌 위기의 뇌관 역할을 할 수 있다.

물론 '중국 정부'라는 보호막이 있지만 달러화 강세 현상과 신용경색으로 차입 금리 상승이 동반된다면 중국 기업부채 위기가 현실화될 수 있다. 이는 글로벌 금융위기에 버금가는 충격을 글로벌경제와 금융시장에 줄 것이다.

세 번째, 이머징 위기다. 달러화 강세 현상의 직격탄은 선진국보다 이머징 금융시장에 큰 악영향을 미칠 것이다. 레버리지 투자 및 부채 리스크가 대부분 이머징과 연동되

〈그림 6–16〉 달러화와 국제유가 추이

(달러/배럴)

국제유가(좌)

달러화 지수(우)

자료: Bloomberg

> 달러화와 유가는 역관계다. 달러화가 약세면 유가가 강세고 달러화가 강
> 세면 유가는 약세흐름을 통상적으로 보여왔다. 달러화 강세 전환으로 유
> 가가 하락할 경우 이머징경제의 펀더멘탈도 동시에 약화된다. 즉 금리 상
> 승. 달러 강세와 유가 하락시 이머징 금융불안으로 이어질 공산이 높다.

고 달러화 강세가 원자재가격을 통해 이머징경제 펀더멘탈
을 약화시킬 수 있기 때문이다.

통상적으로 원자재가격은 원자재 수급에 의해 크게 좌
우되지만 달러화 흐름에도 큰 영향을 받는다. 달러 약세국
면에서는 원자재가격이 통상적으로 강세지만 달러 강세국
면에서는 원자재가격은 일반적으로 약세 흐름을 보인다.
달러화 강세시 원자재 시장에서도 레버리지 자금이 이탈하
고 부채 부담이 큰 원자재 국가들의 경우 달러 강세로 늘어

난 부채 상환 부담을 원자재 공급 확대로 대응하기 때문으로 해석된다.

달러화 강세 현상시 이머징경제는 2중, 3중으로 부담을 받는 악순환 구조에 빠질 수밖에 없다. 1997년 아시아 외환위기, 2008년 글로벌 금융위기, 2015년 말에 중국발 위기 등이 대표적인 달러화 강세가 동반된 이머징 위기다.

국내 금융시장도 강달러 현상에 취약

국내 금융시장도 강달러 현상에 취약한 구조다. 주식시장·채권시장의 외국인 투자비중이 높고, 차입구조나 외환 보유액에서도 달러화 비중이 높기 때문이다.

국내 외국인자금의 대규모 유출은 3차례 있었다. 제1차는 1997년 아시아 외환위기, 제2차는 2008~2009년 글로벌 금융위기, 제3차는 2015~2016년 중국과 자원수출국 경제불안 당시다. 동 시기의 공통된 특징은 내외 금리 차보다는 국제 금융시장 불안의 전이 및 국내경제의 취약 요인에 따른 달러 강세 및 원화 약세 현상이다.

〈그림 6-17〉에서 보듯 1~3차 대규모 자금 유출시기에는 달러화 가치가 강세를 보였다. 글로벌 위기에 따른 안전자산 선호 현상이 달러화 강세 현상을 촉발하고, 이는 국

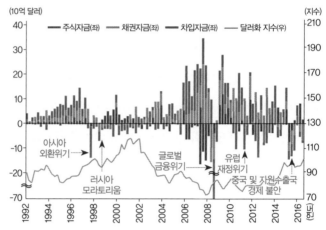

〈그림 6-17〉 외국인 투자자금 유출입 추이

(10억 달러)

주식자금(좌)　　채권자금(좌)　　차입자금(좌)　— 달러화 지수(우)

아시아
외환위기

러시아
모라토리움

글로벌
금융위기

유럽
재정위기

중국 및 자원수출국
경제 불안

자료: 한국은행, Bloomberg
주: 1997~2001년중 IMF 차입 및 상환금 제외

국내에서 대규모 자금이 이탈한 사례를 보면 공통적으로 달러화 강세
국면이었다.

내 금융시장에서 외국인 자금이탈로 이어졌다. 달러화 강
세에 국내 금융시장이 얼마나 취약한지를 여실히 보여주고
있다.

향후 강달러 국면에서는 국내 금융시장에 예외적 현상
이 나타날까? 그 가능성은 매우 희박하다. 달러화 강세는
이머징경제의 불안을 동반할 수밖에 없다. 중국 등 이머징
경제에 대한 수출 의존도가 높은 국내경제는 이머징 경제
불안 리스크가 쉽게 전이되는 구조다.

더욱이 한·미 정책금리 역전 현상이 당장 큰 위험이 되지는 않겠지만 달러화 강세 국면에서 국내 외국인 자금의 이탈을 가중시킬 잠재적 리스크로 작용할 것이다. 즉 달러화 강세 현상은 국내 금융시장에서 또다시 외국인 자금의 대규모 이탈 현상을 불러올 여지가 있다.

달러 강세 전환 가능성은 있나

달러 가치는 정말 강세로 전환할 수 있을까? 환율, 즉 달러화 흐름을 결정할 변수는 다양하다. 환율 결정 이론에 따르면 달러화는 강세 전환할 가능성이 높다. 우선 성장률 격차 측면에서 미국경제는 여타 선진국에 비해 안정적인 성장세를 유지하고 있고 감세 등 트럼프노믹스 정책효과가 본격화되면서 성장 모멘텀이 더욱 강해질 공산이 높다. 미국과 비 미국 선진국 간 성장률 차가 달러화 강세를 지지중이다.

금리 차 역시 달러화 강세를 지지하고 있다. 미국과 유로, 미국과 일본 간 정책금리 차(스프레드)는 이미 큰 폭의 격차를 보여주고 있고, 그 격차는 미 연준의 추가 금리인상으로 더욱 확대될 전망이다. 여기에 미 연준은 보유자산 축소를 통해 유동성 규모를 줄여나가고 있다. 통화·외환 관련 이론이 맞다면 달러화의 강세 흐름은 유지될 공산이 높다. 단순하게 생각하더라도 높은 금리를 주는 통화로 자금이 흘러가는 것이 당연하다.

그러나 실제 달러화는 이론과는 반대의 양상을 보여주고 있다. 달러화는 약세 내지는 횡보를 하고 있다. 왜 이런 현상이 발생할까? 크게 2가지 요인이 있다. 트럼프노믹스의 불확실성과 연관된 미국 재정·경상수지, 소위 쌍둥이 적자 때문이다.

트럼프 대통령이 당선된 직후의 달러화 가치는 트럼프노믹스 기대감으로 단기적인 강세를 보였지만, 트럼프 대통령 취임 이후에는 오히려 달러화의 약세 국면이 지속중이다. 취임 초기 트럼프 대통령의 달러 약세 발언으로 현재 트럼프 행정부가 달러 약세를 지지할 것이라는 기대감이 높아진 원인도 있지만, 궁극적으로 트럼프노믹스에 대한 시장의 불확실성이 커졌기 때문이다.

일례로 2018년에 들어 본격화되는 트럼프 행정부의 보호무역주의 행보와 무역전쟁 리스크는 트럼프노믹스의 불확실성을 높여주는 사례다. 여기에 좌충우돌하는 트럼프의 정책 행보에 시장이 큰 신뢰를 두지 않고 있다.

재정·경상수지 흑자로 대변되는 쌍둥이 적자 리스크는 달러화의 구조적 약세 가능성을 오히려 높여주고 있다. 몇 차례 언급했지만 트럼프노믹스의 핵심인 감세정책은 중장기 재정수지 적자 확대로 이어질 것이다. 경상수지 적자 규모가 현재 수준에서 유지되더라도 쌍둥이 적자가 커질 수

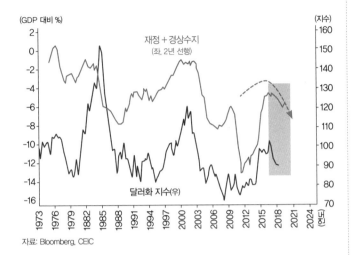

〈그림 6-18〉 미국 쌍둥이(재정 및 경상수지) 적자와 달러화

(GDP 대비 %)

재정＋경상수지
(좌, 2년 선행)

달러화 지수(우)

(지수)

자료: Bloomberg, CEIC

미 연준의 금리인상에도 불구하고 달러화 약세를 예상하는 이유 중의
하나는 미국의 쌍둥이 적자, 즉 재정 및 경상수지 적자 확대다. 트럼프
대통령의 재정지출 확대정책으로 쌍둥이 적자 규모가 더욱 확대될 수
있다.

밖에 없는 운명이다.

또한 EU·중국 등의 무역 전쟁 갈등 역시 달러 강세보다
는 달러 약세 압력으로 작용할 수도 있다. 무역 전쟁 갈등
을 풀기 위한 협상 과정에서 EU·중국 등이 자국 통화의 평
가 절상을 타협안으로 내놓을 수 있어 달러화 약세 협상을
심화시킬 수 있다.

요약하면 이론적 달러 강세 요인과 현실적 달러 약세 현
상이 충돌하고 있다. 따라서 현재 시점에서 달러화의 강세

와 약세를 쉽게 예상하기 어렵다.

그러나 만약 달러화 강세 현상이 나타난다면 미국 시중 금리보다는 이머징 금리를 급등시킬 수 있는 블랙스완이 될 공산이 높다. 달러화 강세가 레버리지 투자 위축과 이머징 부채 리스크를 자극하면서 연쇄적으로 신용리스크를 부각시킬 것이기 때문이다.

위기 발생 혹은 위기 발생 리스크가 커지면 투자자들은
본능적으로 자금을 안전한 자산으로 옮기려고 한다.
안전자산은 현금이나 금·달러 등 특정 자산이 될 수 있다.

'금리 상승'이라는 새로운 환경은 10년 만에 저금리 장기화로 인한 잠재 위기들을 현실화시킬 수 있다. 특히 자산가격이 이례적으로 동반 급등한 상황에서 예상보다 가파른 금리 상승이 각종 자산가격의 조정으로 이어질 위험성이 높다. 그러나 금리 상승을 꼭 위기로만 생각하지 말자. 기회일 수 있다. 과거와 달리 각종 자산, 해외에 투자할 수단이 다양해졌다. 과거 투자 논리에서 벗어나 금리 상승 국면에서 어떤 자산 또는 어느 지역에 투자할지를 고민해야 할 것이다.

7장

금리 상승,
위기인가
기회인가?

저무는
제로금리 시대

글로벌경제의 침체를 예상하지 않는다면 금리의 상승 추세를 당분간
예상하는 것이 합리적이다. 최소한 제로금리는 막을 내릴 공산은 매우
높다.

금리인상 기조를 예상하는 금융시장

금리 전망은 정확히 예측하기 어렵지만 시중금리의 하락보
다 상승 추세를 예상하는 것이 합리적이다. 금리흐름을 좌
우하는 변수들은 다양하며 금리를 결정하는 변수들에 대한
해석도 다양하다. 금리의 하락과 상승을 정확히 예상하는
것은 거의 불가능하다. 전망은 신의 영역이기 때문이다.

글로벌 금융위기 이후 10년간 지속되던 제로금리와 양
적완화 국면이 마무리되고 금리 상승을 예상하는 목소리가
커지고 있음은 분명하다. 사실상 글로벌 금리흐름을 좌우
하는 미 연준도 2019년까지 금리인상 기조를 지속할 것임

을 밝히며 금리 상승 기대감을 높여주고 있다.

블룸버그가 주요 글로벌 투자은행들을 대상으로 한 정책금리 조사 결과를 보면 미 연준의 정책금리 상단이 1.75%(2018년 3월)에서 2018년 말에는 2.4%, 그리고 2019년 말에는 3%까지 상승할 것으로 조사되었다. 정책금리가 한때 0~0.25% 수준까지 하락했음을 고려하면 2019년 말까지 3%p(300bp) 가까이 금리가 상승하는 것이다.

미 연준뿐만 아니라 ECB와 일본은행도 시기의 문제일 뿐 양적완화정책을 종료한 이후 2019년중 정책금리인상 사이클에 동참할 여지가 높다. 한국 역시 금리인상에 글로벌 추세와 차별화되기는 어려워 보인다. 2018년 1.5%인 국내 정책금리가 2018~2019년중 추가 상승할 것으로 기대된다.

이러한 금리인상 사이클 지속에 힘을 더해주는 것은 글로벌 성장과 물가 추이다. 전망기관마다 차이가 있지만 글로벌경제는 2018~2019년 경기 확장 흐름을 이어갈 것으로 대부분 전망하고 있다. 2018년 4월 발표된 IMF 전망보고서에 따르면 2018년과 2019년 전 세계 성장률은 각각 3.9%로 예상하고 있다. 글로벌경제가 저성장 국면에서 벗어나 안정적 성장 흐름을 유지할 것으로 기대하는 것이다.

특히 미국 성장률은 2017년 2.3%에서 2018년과 2019

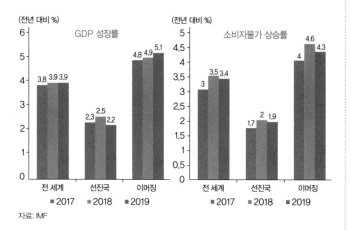

자료: IMF

> IMF는 2018~2019년 글로벌경제성장률이 양호할 것으로 예상하는 동시에 물가 상승률 역시 소폭 상승할 것으로 전망했다.

년에는 각각 2.9%와 2.87%를 전망했다. 견고한 미국경제의 성장흐름은 미 연준의 정책금리인상 사이클의 지속 가능성을 뒷받침해주고 있다.

물가 역시 급등하지는 않겠지만 글로벌 금리가 저금리에서 점차 벗어날 것임을 암시해주고 있다. IMF에 따르면 전 세계 소비자물가 상승률은 2017년 3%에서 2018년과 2019년에는 각각 3.5%와 3.4%를 기록할 것으로 전망했다. 물가 리스크를 우려할 수준은 아니지만 성장 흐름과 더불어 물가 역시 미국 주도의 금리인상 사이클이 확산될 여지를 시사해주고 있다.

물가, 중앙은행 목표선인 2% 도달 예상

한국을 포함한 주요국 통화정책 결정에 중요한 지표는 물가이며, 물가 상승률 목표치는 공통적으로 2%다. 성장률 수준도 중요하지만 물가 상승률이 2% 수준에 이르면 통화정책 결정에 있어 고민이 깊어지게 된다. 그동안 선진국 중앙은행이 성장률 회복에도 불구하고 저금리와 양적완화정책을 고수할 수 있었던 것은 물가 압력이 낮았기 때문이다.

이러한 물가 상승률이 마침내 2% 수준에 이를 전망이다. 미국의 경우 2018~2019년 소비자물가 상승률이 2%를 상회할 공산이 높고, 한국 역시 2019년에는 소비자물가 상승률이 2% 수준에 근접할 것으로 전망되고 있다. 물가 상승률이 2%에 도달했다고 자동적으로 금리인상 결정을 하는 것은 아니지만, 금리정책 등 통화정책에 큰 변화를 줄 수 있는 변곡점 역할을 할 것은 분명하다.

통화 당국이 금리 결정, 특히 긴축 전환을 고민하게 되면 시중금리는 당연히 이러한 분위기를 반영하면서 상승할 공산이 높다. 통화정책은 다소 후행적으로 움직일 수 있지만 시중금리는 정책 결정을 선반영하면서 움직이기 때문이다.

2015년과 2016년 각각 한 차례의 금리인상을 단행한 미 연준은 2017년에는 3차례 정책금리를 인상했는데, 2017

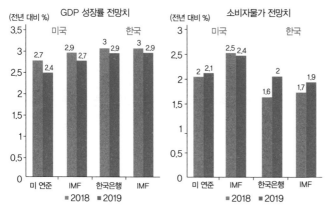

〈그림 7-2〉 미국과 한국의 GDP 성장률과 소비자물가 전망치

자료: IMF, 미 연준 및 한국은행
주: 미 연준 GDP 성장률 전망치는 중간 값이며, 물가는 PCE 물가 상승률임.

> 미 연준은 미국 GDP 성장률과 물가 상승률이 금리인상 기조를 지지할 것으로 예상했으며, 한국은행은 2018년 3% 성장을 예상했다. 소비자물가의 경우 2018년에는 1%대, 2019년에는 2%대를 전망했다.

년 미국 소비자물가 상승률은 2.1%로 2012년 이후 5년 만에 소비자물가 상승률이 2%를 상회했다. 반드시 물가만이 정책금리인상 요인은 아니지만 상당한 영향력을 미친 것으로 판단된다. 그리고 미 연준이 3~4차례의 금리인상을 예상하는 2018년과 2019년에도 물가 상승률은 2%를 상회할 전망이다.

유로존과 한국의 소비자물가 상승률은 아직 1% 초중반 대다. 그러나 물가 압력이 높아지면서 2019년에는 소비자물가가 2012년 이후 처음으로 2% 수준을 상회할 가능성이 있다. 미국과 주요국 중앙은행의 통화정책 변화가 본격화될 수 있는 시그널이다.

과거에 비해 소비자물가 2%는 여전히 낮은 물가 수준이지만 눈높이가 다르다. 금리 5% 수준일 때 2% 물가는 낮은 수준이지만 금리가 0%일 때 2% 물가는 높은 수준이다. 중앙은행이 물가 목표치를 2%로 설정한 것은 통화정책에 변화가 필요한 수준임을 시사하는 것이다. 결국 물가 2% 시대에 진입하면서 주요국의 금리정책에 큰 변화가 예고된다.

주요국 GDP 갭이 플러스 전환 예상

앞서 미국 경기의 정상화와 금리 상승 압력 확대를 지지하는 시그널로 GDP 갭의 플러스 전환을 지적한 바 있다. 10년 만에 플러스로 전환된 미국 GDP 갭은 당분간 플러스 추세를 이어갈 것이다. 이는 미국 금리인상 사이클의 지속 가능성을 뒷받침해주고 있다. 물론 GDP 갭이 다시 마이너스로의 전환 가능성도 완전히 배제할 수 없지만, 이는 미국 경기의 침체 국면 진입을 의미한다는 측면에서 가까운 시일 내 발생할 여지가 낮다는 것이 현실적이다.

미국뿐만이 아니다. 유로 및 일본 등 주요국의 GDP 갭

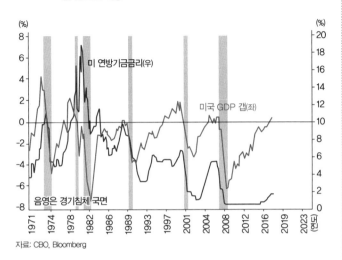

〈그림 7-3〉 미국 GDP 갭의 플러스 추세가 이어지면서 정책금리인상도 이어질 것으로 예상

자료: CBO, Bloomberg

> 미국 GDP 갭의 플러스 현상이 이어질 수 있음은 미 정책금리의 추가 상승을 뒷받침해주고 있다.

은 2018년 또는 2019년에는 플러스로 전환될 것으로 기대하고 있어 이 국가들의 정책금리 역시 제로금리에서 벗어날 것이다.

물론 경기와 관련된 논쟁은 앞으로 확산될 분위기다. 일부에서는 미국을 위시한 글로벌 경기 사이클이 확장 국면의 막바지에 진입하며 'late-cycle'을 주장하는 목소리가 커지고 있다. 경기 사이클이 둔화 국면에 진입했기 때문에 금리인상을 포함한 통화정책 정상화가 더이상 진전되기 어려울 수 있다고 주장하는 것이다.

글로벌 경기의 late-cycle 주장이 맞을 수 있다. 일부 선진국 국가의 경기 선행 지수가 둔화되고 향후 경기 사이클을 예고하는 장단기금리 스프레드가 미국을 중심으로 급격히 축소되고 있기 때문이다. 이처럼 글로벌 경기에 대한 late-cycle 주장이 일면 설득력이 있지만 다시 경기침체를 논하기는 이른감이 있다. 글로벌 경기가 이전 침체 국면 이전 상황, 즉 경기과열, 물가 급등과 같은 현상이 나타나지 않고 있으며 일부 이머징 국가를 제외하고 아직은 심각한 부채 리스크에도 시달리지 않고 있다. 더욱이 글로벌 경기가 완만한 성장과 물가로 대변되는 새로운 패러다임으로 변화되고 있다는 late-cycle 주장이 현실화 리스크를 약화시키고 있다.

금리를 포함한 통화정책이 late-cycle 주장에 움직이기보다는 GDP 갭 플러스 현상으로 대변되는 경기 정상화에 반응할 것으로 예상된다. 그리고 등락은 있겠지만 금리 사이클은 추세적 상승 기조를 이어갈 것으로 전망한다.

단순히 금리 상승만
보지 말자

금리 상승은 각종 자산에 투자하는 투자자 입장에서 부담스러운 현상임은 분명하다. 주목할 것은 금리 상승에도 불구하고 절대적 금리 수준은 여전히 낮고 성장 모멘텀도 있다는 점이다.

마이너스 실질금리는 지속된다

금리 상승 추세는 투자자 입장에서는 달갑지 않은 현상이다. 글로벌 금융위기 이후 유례없는 저금리 기조에 힘입어 경기 사이클과 다소 무관하게 각종 자산가격이 상승했고, 투자자들 역시 리스크가 낮은 상태에서 투자를 할 수 있었다. 투자자 입장에서 호황국면이었다.

하지만 이러한 호황국면은 금리 상승과 더불어 막을 내리고 있는 분위기다. 금리 상승은 투자자 입장에서는 리스크에 대한 부담을 높인다.

그러나 투자를 결정하는 입장에서 금리가 중요한 변수

지만 금리 이외의 투자 결정에 영향을 미치는 다양한 변수가 있음을 잊지 말아야 한다. 이와 관련해 금리와 연관된 실질금리 추이를 주목할 필요가 있다. 명목금리에서 물가 상승률을 뺀 실질금리 흐름도 명목금리 수준만큼이나 투자에 중요한 역할을 한다.

예를 들어 은행 금리가 2%이고 소비자물가 상승률이 2.5%라고 가정하자. 이 경우 예금금리가 물가 상승률에 못 미치면서 예금자의 실질자산 증가율은 오히려 0.5% 감소하는 결과가 된다. 이러한 마이너스 실질금리 상황이라면 투자자는 예금을 하기보다는 실질자산을 증가시킬 수 있는 다른 자산에 투자하려 할 것이다.

금융위기로 인해 정책금리가 제로금리까지 하락하면서 실질금리는 일부 시기, 즉 소비자물가가 마이너스 상승률을 기록한 구간을 제외하고 실질금리는 대부분 마이너스 금리 상황이었다.

자산가격이 그동안 추세적 상승세를 유지할 수 있었던 원천 중 하나가 마이너스 실질금리 현상이었다고 해도 과언이 아니다.

명목 금리 상승에도 불구하고 마이너스 실질금리 상황은 상당 기간 지속될 것이다. 미국의 경우 2018년 말에 정책금리 상단이 2% 초반대를 기록했다. 소비자물가 상승률을 2% 내외로 예상한다면 정책금리 기준 실질금리는 소폭 플러스 전환될 것이다.

　미국과 달리 유로존과 일본은 2018년 또는 2019년까지 정책금리 기준으로 실질금리가 플러스 전환하기 어려울 것이다. 유로존의 경우 1% 초반대의 소비자물가 상승률을 보이고 있음을 감안할 때 2018년 5월 말 기준으로 제로인 정책금리가 1% 수준까지 인상될 가능성은 거의 없기 때문이다.

　국내의 경우에도 현재의 소폭 마이너스 실질금리 수준이 상당 기간 유지될 것으로 기대된다. 2018~2019년 국내 소비자물가 상승률이 1.5~2% 수준을 기록할 것으로 예상되는 상황에서, 2018년 5월 말 기준, 1.5%인 정책금리가 2% 수준 또는 2% 이상으로 인상되기까지는 시간이 소요될 것이기 때문이다.

　미국의 정책금리인상으로 명목 시중금리가 상승하는 것은 자산가격에 부정적이다. 하지만 마이너스 실질금리 상황이 상단기간 유지될 공산이 높다는 점은 자산가격의 추가 상승을 지지할 것이다. 최소한 마이너스 실질금리가 여전히 자금을 각종 자산으로 유입시키는 원동력 역할을 할 것이다.

글로벌경제 패러다임 변화

글로벌경제 패러다임 변화도 주목할 부문이다. 저성장·저물가로 지칭되는 뉴노멀 국면이 막을 내리고 글로벌경제가 정상화 국면에 진입할 것이다. 다만 글로벌경제가 금융위기 이전의 상황으로 100% 회귀는 쉽지 않아 보인다. 미국경제가 정상화되고 있지만 유로존 및 일본 등 여타 선진국경제는 정상화를 이야기하는 데 다소 이른 감이 있다. 더욱이 선진국 경제는 고령화 사이클로 인해 잠재 성장률이 낮아질 수밖에 없는 구조적 한계가 있다. 성장률 수준이 과거와 같은 수준을 유지하기가 버거운 상황이다.

이머징경제 성장 모멘텀도 이전과 같지 않다. 중국경제가 각종 과잉 리스크를 해소하기 위한 구조조정과 디레버리징정책 등 공급개혁정책을 지속하고 있지만 금융위기 이전과 같은 성장 모멘텀을 되찾기 어렵다. 또한 중국경제와 같은 강력한 성장 모멘텀을 대체할 이머징경제도 아직 출현하지 못하고 있다. 한편으로 물가 압력이 높아지지 않을 수 있는 여건도 조성되었다고 풀이된다.

글로벌경제가 뉴노멀 국면에서 안정적 성장과 물가로 대변되는 신 뉴노멀 국면에 진입하는 것으로 판단된다. 경기 변동성이 낮아지고 물가 압력이 높지 않은 신 뉴노멀 국면에서 자산가격의 상승 기조는 유지될 공산이 높다. 그러

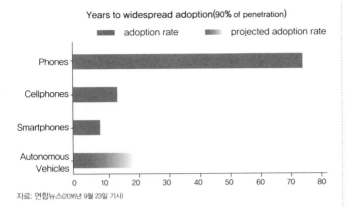

〈그림 7-4〉 문명 기기별 보편화에 걸린 시간

Years to widespread adoption(90% of penetration)

자료: 연합뉴스(2016년 9월 23일 기사)

제4차 산업혁명 관련 제품이 출시되면 보급률이 과거에 비해 빠르게 높아질 전망이다.

나 자산가격 상승 폭이 축소되는 동시에 변동성 역시 낮아질 것으로 예상된다.

더욱이 성장 불씨가 완전히 사라진 것은 아니다. 제4차 산업혁명의 사이클이 건재하기 때문이다. 제4차 산업이 진짜 혁명적인 사이클인지에 대한 논란이 가시지 않고 있는 것도 사실이지만 높은 기대감 역시 분명하다. 2018년 들어 제4차 산업혁명 분위기가 다소 주춤해지고 있다. 이는 일시적 현상이라고 판단된다. 제4차 산업혁명 사이클을 새로운 도약을 위한 준비단계로 평가된다.

다양한 제4차 산업혁명 관련 기술이 개발되었지만 이들 기술이 진정한 제4차 산업혁명 제품으로 구현되기까지는 최소 2~3년의 시간은 필요해 보인다. 제1~3차 산업혁명 사이클에서도 볼 수 있듯이, 각 산업혁명 사이클의 대표하는 제품의 대량생산·대량소비 단계까지는 상당한 시간이 필요했다는 사실을 상기할 필요가 있다. 실례로 전화기 보급률이 90%까지 도달하는 데 약 70년 이상 소요되었고, 휴대전화도 보급률이 90%까지 올라가는데 약 15년 내외의 시간이 걸렸다.

신제품의 개발시간과 대량소비(보급률 확대) 시간은 단축되고 있다. 스마트폰의 경우 보급률이 90%까지 가는 데 걸린 기간은 7~8년 정도다. 대표적인 제4차 산업혁명 제품으로 주목받는 자율주행차의 경우 상용화시 10년 내 보급률이 90%에 이를 공산이 높다. 제4차 산업혁명과 관련된 신제품이 향후 1~2년간 개발될 경우 대량생산과 대량소비가 급속히 이루어지면서 글로벌경제에 강한 성장 모멘텀을 제공할 가능성이 높아지고 있다.

중국 역시 제4차 산업혁명 사이클에 힘을 더해 줄 전망이다. 과잉 리스크로 중국경제가 구조조정을 지속하고 있지만 한편으로 신산업 육성 정책도 한층 강화되고 있다. '제조업 2025'라는 산업정책을 통해 중국경제와 산업은 새로운 구조의 탈바꿈을 추진중이다. 그리고 그 중심에는 제4차 산업혁명이 자리 잡고 있다.

2000년 중반부터 글로벌경제의 핵으로 부상한 중국경

〈그림 7-5〉 중국경제의 새로운 시작이 제4차 산업혁명 사이클에도 우호적 영향을 미칠 것임

자료: Bloomberg, CEIC

중국경제가 새로운 시대에 진입하고 있다. 제4차 산업혁명을 중심으로 한 IT투자 등 신산업 사이클이 중국경제와 산업을 주도할 것으로 기대된다.

제를 시기별로 구분해 보자. 금융위기 이전까지는 자본재를 중심으로 한 고정투자 붐 시기로 '중국경제의 Ver1'이라고 지칭할 수 있다. '중국경제의 Ver2'는 금융위기 극복 과정에서 기차·가전하향 등 4조 위안의 경기부양책을 동원해 소비 붐을 조성한 시기다. 이후 글로벌경제의 저성장 여파로 중국 내 과잉투자 및 부채 리스크를 해소하기 위한 구조조정정책이 추진된 국면을 '중국경제의 Ver3'으로 구분지을 수 있다.

가전하향

글로벌 금융위기 직후 경기부양 차원에서 중국 정부가 자동차 및 가전제품 구매시 보조금을 지급해 소비 진작을 유도를 한 정책이다.

구조조정 국면인 중국경제의 Ver3 국면이 아직 진행중이지만, 한편으로 중국경제는 제4차 산업혁명을 중심으로 한 새로운 도약을 준비중이다. 중국경제의 안정적 성장과 새로운 투자 사이클이 시작되는 '중국경제의 Ver4' 시대가 동시에 열리고 있다.

중국경제 및 산업의 탈바꿈을 위한 시도는 자연스럽게 제4차 산업혁명 사이클의 중요한 동력으로 작용하는 동시에 글로벌경제에도 긍정적으로 기여할 것이 분명하다.

가까운 시일 내에 진정한 의미의 제4차 산업혁명의 빅사이클이 도래할 것으로 기대된다. 제4차 산업혁명 사이클에 주목할 수밖에 없는 중요한 이유는 글로벌 성장 모멘텀이라는 측면도 있지만, 금융시장 내 금리 상승 리스크를 완충시키는 역할을 할 것으로 기대되기 때문이다. 새로운 산업 사이클의 시작이 또 다른 자산가격의 랠리를 촉발시킬 것이다.

물가, 정말 금리 상승의
가속 페달인가?

경기가 좋아지면 물가 상승 현상이 나타나는 것은 당연하다. 그러나 경제
패러다임 변화, 인구 사이클, 제4차 산업혁명 등의 구조적 요인들로 인해
물가가 이전에 비해 안정될 수도 있다.

저물가, 구조적일 수 있다

실업률과 물가 상승률 간 상충관계를 보여주는 곡선인 필
립스곡선이 유명무실해졌다는 이야기가 자주 들린다. 실업
률이 하락하고 있지만 낮은 임금상승률로 물가 압력이 높
아지지 않는 현상이 지속되고 있다. 이와 같은 실업률과 물
가 상승률 간 상충관계의 약화가 일시적일 수는 있지만, 경
제 패러다임 변화에 따른 구조적 현상일 가능성도 있다.

앞서 금리가 물가 압력 확대로 높아질 수 있다고 지적했
지만, 한편으로 글로벌경제 패러다임 변화로 과거와 달리
안정적 물가흐름을 유지할 여지도 있다.

경기회복과 더불어 물가 리스크가 확대될 여지가 높지만 패러다임의 변화로 예상밖의 안정적 물가흐름을 기대해볼 만하다. 만약 물가가 안정적으로 유지된다면 글로벌 금리인상 흐름이 완만한 흐름을 유지할 수 있고, 이는 자산가격이나 경기에도 우호적 영향을 미칠 수 있기 때문이다. 리스크를 경계해야 하지만 과거 패턴에만 갇혀 투자기회를 놓칠 수도 있기 때문이다.

물가가 안정을 유지할 수 있는 구조적 요인을 살펴보자.

첫 번째, 경기 사이클 소멸이다. 경기는 호황과 침체를 반복하면서 경기 사이클을 만든다. 그런데 금융위기 이후 글로벌 경기 사이클의 특징 중 하나는 경기 진폭의 축소다. 이전 글로벌 경기 사이클을 보면 경기의 '붐(Boom: 과열)'과 '버스트(Bust: 급락)' 현상이 반복되는 사이클을 보여왔다.

경기과열 현상에는 물가 압력이 동반될 수밖에 없다. 경기 호조에 따른 수요와 공급 증가로 수요견인 인플레이션과 비용 상승 인플레이션 압력이 높아지기 때문이다.

그러나 금융위기 이후 붐 현상을 거의 찾아볼 수 없다. 자산가격에서 일부 붐 현상이 발견될 뿐 경기 사이클 자체에서 과열 현상을 찾아보기 힘들다. 〈그림 7-6〉 '미국 경기 후행지수 대비 선행지수 흐름'에서 보듯 밋밋한 경기 흐름이 장기화되고 있다.

역설적으로 경기 사이클이 밋밋하다는 것은 수요견인

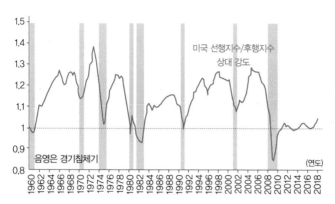

〈그림 7-6〉 미국 경기 후행지수 대비 선행지수 흐름: 밋밋해진 경기 사이클

미국 선행지수/후행지수
상대 강도

음영은 경기침체기

(연도)

자료: Bloomberg

2010년에 들어서면서 미국 경기 사이클이 크게 변화되었다. 경기 사이
클 진폭이 축소되면서 밋밋한 경기 사이클 흐름을 이어가고 있다.

및 비용 상승 인플레이션 압력이 미약하다는 증거다. 완만
한 경기 사이클 고착화로 물가 압력 역시 과거 패턴과 달리
완만한 흐름을 유지할 수 있다.

두 번째, 인구 사이클이다. 일본·유로존 등 주요 선진국
경제는 인구 고령화 국면에 접어들었다. 인구 고령화 역시
물가안정에 긍정적 영향을 미칠 수 있다. 1990년대 일본이
장기 디플레이션 국면에 접어든 데는 여러 가지 이유가 있
지만 인구 고령화도 무시할 수 없다.

인구 고령화에 따른 수요 감소와 생산가능 인구의 축소
가 물가둔화 압력으로 작용할 수 있다. 특히 생산가능 인구

의 감소를 자동화 또는 저임금의 이민 근로자들로 대체함으로써 구조적으로 물가 압력을 약화시키고 있다. 선진국의 고령화 현상이 단기적 현상이 아니라 추세적으로 장기화될 수 있다. 인구 사이클이 물가의 패러다임을 크게 변화시킬 수 있다는 생각이다.

세 번째, 고용의 질이다. 선진국 고용시장 내 취업자 수가 빠르게 늘고 있는 것은 분명하다. 양적인 측면에서 글로벌 고용시장은 뚜렷한 개선세를 보여주고 있지만 고용의 질이 좋아지고 있는지에 대해서는 의문이다. 정규직보다는 파트타임과 같은 비정규직이 전체 고용에서 차지하는 비중이 크게 높아졌고, 연령별 취업인구 구성을 보더라도 55세 이상의 고령층 취업 비중이 크게 높아졌다.

정규직이나 청장년층 취업자들의 임금상승률보다 비정규직이나 고령층 취업자의 임금상승률이 상대적으로 낮을 수밖에 없어 물가 압력이 낮아지는 또 다른 원인을 제공하고 있다. 고용의 질이 단기간에 쉽게 개선되기는 어려워 보인다.

네 번째, 아마존 효과다. 2017년 말에 세계 최대 장난감 유통업체인 토이저러스의 파산 뉴스가 있었다. 토이저러스는 1948년 미국 수도 워싱턴D.C에서 아기 침대와 유모차 등 유아용품을 파는 작은 상점으로 출발해 전 세계에 약 1천 600개 매장을 열었고, 6만 4천 명의 직원을 고용한 장난감 왕국이었다. 세계 최대 장난감 왕국의 몰락에는 막대한 부채가 직접적 원인이지만 아마존과 같은 온라인 판매 경쟁에서 밀려났기 때문이다.

인터넷·모바일의 보급 확대와 더불어 소비자들은 오프라인 매장에서 구매하는 것보다 온라인 구매 비중을 늘려가고 있다. 무엇보다 오프라인 구매단가보다 온라인을 통한 구매단가가 훨씬 저렴하기 때문이다. 그리고 온라인 업체들은 경쟁적으로 가격인하 전쟁에 몰입하고 있다. 과거에는 볼 수 없었던 온라인 구매, 즉 전자상거래 비중은 물가에도 큰 영향을 미치고 있다. 온라인 비중 증대가 구매단가를 떨어뜨리는 현상, 즉 '아마존 효과'가 물가안정에 기여하고 있다.

아마존 효과가 더욱 심화될 여지는 높다. 시간이 흘러갈수록 온라인 구매 비중이 더욱 높아질 수밖에 없다. 더욱이 제4차 산업혁명의 발전은 유통 부문의 혁신으로 이어지면서 제품 구매단가를 하락시키는 역할을 할 것이다.

일례로 '아마존 고'를 들 수 있다. 아마존 고는 아마존닷컴이 운영하는 식료품점으로 첫 번째 매장은 워싱턴주 시애틀에 있다. 2016년 12월 5일 아마존의 데이1 빌딩에 오픈한 아마존 고는 소비자가 계산대에 줄 서지 않고 제품을 구입할 수 있도록 자동화되어 있는 매장이다. 무인 유통매장이 제4차 산업혁명과 함께 확산될 조짐을 보이고 있다.

아마존 고 같은 무인 유통매장이 향후 급속히 확산될 경우 유통마진 개선으로 제품단가가 하락할 가능성이 있다. 어느 수준까지 확장될지는 예상할 수 없지만 아마존 효과로 인해 구매패턴과 유통혁신이 구조적으로 물가안정에 기여할 공산이 높다.

마지막으로 중국경제의 구조 전환이다. 중국경제하면 떠오르는 생각은 노동 집약적 산업과 중후장대 산업의 과잉투자다. 특히 2000년 중후반 중국 제조업 고정투자 사이클의 붐으로 인해 글로벌 원자재가격이 급등했고 이는 궁극적으로 전 세계적인 물가 압력으로 이어졌다. 이후 2010년 초반부터 중국이 과잉투자 문제로 고정투자가 급격히 둔화되면서 전 세계 물가는 디플레이션 압력에 직면했다. 중국경제가 미국과 함께 전 세계 물가를 좌우하는 큰 손 역할을 하고 있다. 중국경제는 이렇게 변화하고 있다.

그러나 중국경제가 변화중이다. 이전 고도성장 국면에서 〈그림 7-7〉에서처럼 정유·화학·금속 등 구경제 관련 고정투자가 급속히 증가했지만, 최근에는 IT 등을 중심으로 신경제 투자가 주축을 이루고 있다. 중국의 투자지형 변화는 전 세계 물가에 큰 영향을 미칠 수밖에 없다. 구경제 투자는 유가 등 각종 원자재 수요를 확대시키는 등 인플레이션 유발적 투자다. 반면에 신경제 투자는 IT 또는 제4차 산업혁명 중심이라는 점에서 인플레이션 유발 압력이 상대적

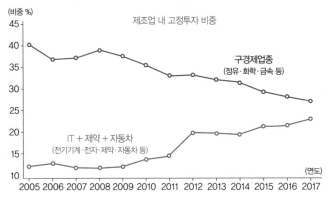

〈그림 7-7〉 중국 제조업 구조변화를 보여주는 고정투자 비중 변화 추이

제조업 내 고정투자 비중

(비중 %)

구경제업종
(정유·화학·금속 등)

IT + 제약 + 자동차
(전기기계·전자·제약·자동차 등)

(연도)

자료: CEIC

중국 산업구조의 전환은 중국 고정투자의 업종별 비중 변화에서 확인된
다. 기존 중후장대 산업의 투자비중은 줄어들고 IT 등 신산업 관련 투자
비중이 증가중이다.

으로 낮다. 중국경제 패러다임 변화가 전 세계 물가의 구조
적 안정세에 일조하고 있다.

비용 상승 인플레이션 압력이 약하다

전 세계 물가 리스크는 유가 등 원자재가격 상승 등에 따른
비용 상승 인플레이션과 상관성이 높다. 특히 비용 상승 인
플레이션이 높아질 때 미국 주가는 큰 폭의 조정을 받았고,

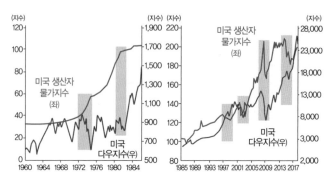

〈그림 7-8〉 미국 생산자물가와 다우지수

자료: CEIC

> 생산자물가와 다우지수 간에 높은 상관관계. 생산자물가지수가 상승하는 국면에서 다우지수 역시 상승했고, 생산자물가지수가 고점에서 하락할 경우 다우지수 역시 큰 폭으로 조정되었다.

경기 역시 대부분 침체 국면에 진입했다. 〈그림 7-8〉의 생산자물가와 다우지수 흐름에서 보듯 생산자물가가 전고점을 상회하는 급등 양상이 나타날 경우 미국 주가는 큰 폭의 조정을 받고 경기침체에 진입했다.

생산자물가는 공급측면에서 물가 압력을 대변하는 지표라는 점에서 비용 상승 인플레이션의 대용치라 할 수 있다. 이전 사례를 보면 생산자물가, 즉 비용 상승 인플레이션 압력의 정도가 자산가격과 경기흐름 조정압력을 좌우하는 척도였다는 점에서 생산자물가, 즉 비용 상승 인플레이션 압력을 주목할 필요가 있다.

그럼 최근 생산자물가를 보자. 생산자물가지수가 상승세지만 아직 전고점 수준을 상회하지 않고 있다. 물가 압력이 높아지고 있는 것은 분명하지만 이전과 같은 비용 상승 인플레이션을 우려할 단계에는 이르지 않았음을 시사한다.

비용 상승 인플레이션 압력이 단기적으로 큰 폭으로 증가할 가능성도 아직은 낮아 보인다. 유가 등 원자재가격이 반등했지만 기업 등 경제에 비용 측면에서 큰 부담을 줄 정도의 수준은 아니다. 임금 역시 앞서 분석한 바와 같이 상승하고 있지만, 이전 사이클에 비해 완만한 상승세를 보여주고 있다. 비용 상승 압력을 높이는 또 다른 변수인 제조업 가동률과 설비투자 사이클도 뚜렷한 회복세를 보이고 있지만, 이전 사이클에 비해서는 상대적으로 밋밋한 상황이다.

비용 상승 압력을 높일 수 있는 돌발적인 상황이 전개될 수도 있다. 하지만 단기적으로 비용 상승 인플레이션 압력이 급등할 가능성이 커 보이지 않는다는 점은 물가와 연관된 금리인상 사이클이 더디게 진행될 수 있음을 뒷받침한다. 물가 리스크에 대해 경계감을 늦추지는 말아야 하지만 과도한 비관 역시 경계해야 할 상황이다.

제4차 산업혁명 성장 모멘텀 지속

주요 산업혁명 국면의 특징을 보면 강한 성장 모멘텀과 더불어 물가 압력이 높아졌다는 공통점이 있다. 대규모 투자 사이클과 대량 소비 사이클이 동반되기 때문에 주요 산업혁명 구간에서 강력한 성장 모멘텀은 물론 비용 상승과 수요견인이 복합된 물가 압력이 나타날 수밖에 없다.

이번 제4차 산업혁명 사이클과 유사할 공산이 높다. 물론 앞서 지적한 바와 같이 테크래시 등의 현상으로 제4차 산업혁명의 모멘텀이 일시적으로 주춤할 수 있다. 그러나 제4차 산업혁명 사이클은 아직 초기 단계다. 긴 호흡에서 제4차 산업혁명 사이클을 바라볼 필요가 있다.

주요 산업혁명 사이클을 보면 대규모 투자 사이클과 대량 소비 사이클이 동반된 이후 분위기가 다소 진정된다. 19세기 말~20세기 초 제2차 산업혁명에서는 자동차 관련 대량 투자와 대량 소비 사이클이 나타났고, 1990년 중후반부터 2000년 초반까지의 제3차 산업혁명에서는 컴퓨터와 모바일 폰을 중심으로 한 대량 투자와 대량 소비 사이클이 등장한 바 있다.

이번 제4차 산업혁명의 경우 투자는 지속되고 있지만 아직 신제품 출시에 따른 대량 소비 사이클은 나타나지 않고 있다. 제4차 산업혁명이 진정한 혁명 사이클이라면 대

〈그림 7-9〉 각 산업혁명 단계별 주가와 물가 추이

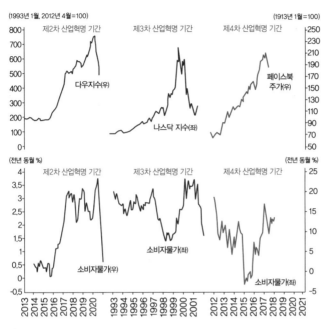

자료: Bloomberg, CEIC

> 제2~3차 산업혁명 사이클이 본격화되면서 물가 역시 큰 폭으로 상승했
> 다. 다만 이번 제4차 산업혁명의 경우 IT 등을 중심으로 전개될 공산이
> 높아 물가 압력을 크게 자극할지는 미지수다.

량 소비 사이클이 필연적으로 나타날 것이다.

결국 제4차 산업혁명 관련 성장 모멘텀이 지속될 가능성
이 있다. 제4차 산업혁명 관련 성장 모멘텀을 강조하는 이
유는 금리 상승 국면에서 성장 모멘텀이 부재할 경우 자산
가격이나 경기가 예상보다 큰 조정을 받을 수 있기 때문이

다. 성장 모멘텀이 유지된다면 금리인상 사이클을 어느 정도 견뎌낼 수 있을 것이다.

또 하나 주목할 것은 물가 리스크다. 제2~3차 산업혁명 사이클에서는 물가 압력이 크게 높아진 바 있다. 물가 압력 확대가 궁극적으로 산업혁명의 성장 모멘텀을 약화시키는 동시에 주가 등 자산가격의 조정도 동시에 촉발한 바 있다. 그러나 이번 제4차 산업혁명의 경우 이전과 달리 물가 압력이 크게 동반되지 않고 있다. 아무래도 제4차 산업혁명이 IT와 인터넷 등을 중심으로 하고 있어 원자재가격 상승을 유발하지 않는 동시에 생산성 개선을 유발시키고 있기 때문으로 해석된다.

제4차 산업혁명 사이클이 이전 사이클과 달리 물가 압력을 크게 높이지 않고 대량 소비 사이클로 진입할 수 있다면, 금리인상 사이클에 성장 모멘텀 지속과 자산가격 상승세가 지속될 수도 있다.

금리 상승 국면에서의
투자전략

금리 환경 변화에 대비하고 순응하는 투자전략이 요구된다. 금리 상승 국면에서도 안정적 수익을 낼 수 있는 다양한 투자 수단이 개발되고 있다. 자산 포트폴리오를 다양화하는 전략이 필요하다.

중앙은행 정책에 반하는 자산은 일단 피하라

"중앙은행에 맞서지 말라"는 금융시장 격언을 다시 되새겨보자. 미 연준이 시장의 우려에도 불구하고 금리인상 사이클을 지속하고, 여타 중앙은행들도 양적완화정책 중단을 고민하는 이유는 향후 경기침체에 대비한 정책수단을 확보하기 위해서다. 또 다른 이유에는 자산가격의 과열을 억제하기 위해서다.

선진국 중앙은행들의 저금리정책이 각종 자산가격 상승에 큰 기여를 한 것은 틀림없다. 따라서 저금리의 부작용, 특히 자산가격 버블로 이어지기 이전에 미 연준 등 중앙은행들이 움직이기 시작한 것이다.

이러한 중앙은행들의 정책 의도를 감안한다면 저금리 기조로 가장 큰 수혜를 받은 자산가격이 중앙은행의 정책 기조 변화에 가장 큰 영향을 받을 수밖에 없다. 저금리정책 기조로 가장 큰 수혜 및 장기호황 사이클을 보여왔던 채권·부동산가격이 우선적으로 통화정책 기조의 변화 위험에 노출될 가능성이 있다. 물론 채권가격 및 부동산가격이 정말 버블인지는 확인할 수 없다. 버블 붕괴가 일어나야만 정말 버블인지를 확인할 수 있다.

중요한 것은 미 연준이 2019년까지 경기 사이클이 현재 확장궤도를 벗어나지 않을 경우에 금리인상 사이클을 지속할 것을 밝히고 있고, 유럽중앙은행과 일본은행 역시 시기의 문제일 뿐 양적완화 중단 수순을 밟을 공산이 높다는 점이다. 시중금리의 상승 기조 지속을 염두에 두는 투자전략이 필요하다.

이런 관점에서 일반 투자자라면 자본차익(capital gain)을 목적으로 한 단기 채권투자는 당분간 피하는 것도 투자전략이 될 수 있다. 또한 이론적으로 금리 상승시 상대적으로 큰 영향을 받는 부동산투자 역시 조심스러운 접근이 필요하다. 특히 저금리를 활용한 갭투자의 리스크가 확대될 공산이 높기 때문이다.

국내 상황도 마찬가지다. 한국은행이 적극적인 금리인상

에 나서고 있지는 않지만, 한·미 정책금리의 역전 확대 현상을 마냥 지켜볼 수만은 없다. 결국 한국은행도 정책금리의 추가 인상에 나설 것이고, 이는 채권시장이나 부동산시장에는 부정적 영향을 미칠 수 있다. 더욱이 정부의 부동산 규제와 맞물려 부동산시장의 조정 흐름이 이어질 수 있다.

국내 아파트 가격 대비 전세가격 비율이 둔화되는 추세다. 이러한 추세가 금리인상 사이클과 맞물리면 주택가격 등 부동산가격의 조정흐름이 확대될 수 있다. 물론 주택가격 등 부동산가격이 추세적으로 하락할지는 여전히 불투명하다. 시중금리 상승에도 불구하고 금리 수준, 특히 주택담보대출금리는 이전에 비해 여전히 낮은 수준이기 때문이다.

다만 앞서 지적했듯이 레버리지를 활용해 단기 차익을 노리는 갭투자의 경우 리스크가 확대될 수밖에 없다. 금리 상승 국면에서 일단 소나기를 맞을 수 있는 자산을 피하는 것도 전략이다.

그레이트 로테이션 가능성을 주시하라

2010년대 초반부터 금융시장에 자주 회자되는 용어 중에 하나는 그레이트 로테이션이다. 경기가 확장세가 이어지고 정책금리가 인상되는 국면에서 자금이 안전자산에서 이탈해 주식 등 위험자산으로 이동하는 현상을 일컫는 말이다. 그레이트 로테이션 현상이 일부 진행중인 것은 사실이다. 특히 2017년 초부터 글로벌 경기가 동반 상승하면서 글로벌 자금이 채권보다는 위험자산인 주식 또는 이머징자산의 선호 현상이 일부 가시화되었다.

관심은 그레이트 로테이션 현상이 지속되거나 좀더 공격적인 그레이트 로테이션 현상이 일어날지다. 최근의 상황만 보면 그레이트 로테이션 현상이 금리 상승 국면에서 지속될지 불투명하다. 이전과 달리 각종 자산가격이 동반 상승 혹은 동반 하락 경향이 높아졌기 때문이다.

금리가 급격히 상승하면 채권가격은 물론 주식도 동반 하락하는 현상이 빈발하고, 특히 이머징자산도 큰 폭의 조정을 받곤 한다. 안전자산과 위험자산가격 간 역상관 관계가 약화된 것이다. 자산가격이 너무 저금리 기조에 익숙해진 부작용이 아닌가 싶다.

그러나 경기확장을 바탕으로 시중금리가 완만하게 상승하거나 제4차 산업혁명과 같은 강력한 성장 모멘텀이 출현한다면, 안전자산과 위험자산 간 역상관 관계 역시 복원될 여지가 충분하다. 진정한 의미의 그레이트 로테이션 현상이 본격화되는 것이다. 자금은 항상 높은 수익률을 따라갈 수밖에 없는 속성을 갖고 있어 그레이트 로테이션 현상이 강화될 여지가 충분하다.

ETF를 활용한 투자에 관심을 가져라

금융시장 상황이 여러 가지 측면에서 변화되었다. 시장 내에서도 새로운 투자 수단이 다양하게 개발되고 있다. 그 중에서도 ETF(Exchange Traded Fund)시장의 급성장세가 주목된다.

ETF의 장점은 일반 투자자가 쉽게 접근할 수 없는 각종 자산에 소규모로 투자할 수 있다는 점이다. 국내외 주식은 물론 채권·달러·원자재·부동산 등 다양한 상품에 손쉽게 투자할 수 있다.

ETF에 관심을 갖는 또 다른 이유는 금리 상승 국면에서 좋은 헷지(Hedge) 수단 역할을 충분히 할 수 있기 때문이다. 금리 상승시 상대적으로 안전할 수 있는 자산 ETF에 투자하거나 금리 상승에 헷지하기 위한 리버스 ETF(예를 들어 증시가 하락하면 수익이 발생하는 ETF) 투자를 고려해볼 수 있다. 이 밖에도 대내외 금리 상승과 변동성 확대에 대비한 달러 등 각종 환율변동성에 투자할 수 있는 외환 ETF 상품도 있다.

과거처럼 헷지 수단 또는 대안투자 대상이 없어 금융위기 당시와 같이 금리 상승으로 인해 자산가격의 급락을 맥없이 당하는 시대가 막을 내리고 있다. 금리 상승 시대를 언급하고 있지만 금융시장 혹은 글로벌 경기상황은 언제

ETF

상장지수펀드로 특정지수를 모방한 포트폴리오를 구성하여 산출된 지수를 거래소에 상장시켜 주식처럼 자유롭게 거래되도록 설계된 지수형 상품이다.

헷지

현물가격 변동의 위험을 선물가격 변동을 활용해 제거하는 것으로 '위험회피' 또는 '위험분산' 전략이다.

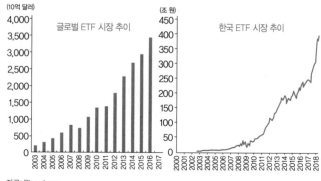

〈그림 7-10〉 급속히 팽창하고 있는 글로벌 ETF 시장

자료: Bloomberg

새로운 투자수단으로 각광받는 ETF시장 규모가 빠르게 증가하고 있다.

든지 돌변할 수 있다. 즉 불확실성 리스크가 확대되어 투자 역시 유연성을 높이는 투자전략이 요구된다. ETF 투자는 금리 상승 국면에서 좋은 투자 대안으로 고려할 만하다.

해외 자산투자 등으로 자산 포트폴리오를 분산하라

각종 자산을 투자하는 데 있어 늘 인용되는 말 중에 하나가 "계란을 한 바구니에 담지 말라"다. 투자 포트폴리오를 다양화해 위험을 분산하자는 것이다. 이러한 투자격언은 금리 상승으로 인해 자산시장의 변동성이 확대되는 상황에서 더욱 절실히 요구되는 투자전략이다. 이전과 달리 국내 자산투자 이외에 해외 자산에 투자할 수 있는 길이 넓어졌음을 십분 활용해야 할 시점이다. 한때 저금리 영향으로 국내에서 브라질 채권투자 광풍이 휘몰아친 사례도 있다.

역으로 미국 금리 상승은 장기적으로 미국 국채에 대한 투자 매력을 높일 수 있다. 상대적으로 높은 금리 수준과 함께 달러가 중장기적으로 강세로 전환한다면 환차익도 볼 수 있기 때문이다. 단순한 예지만 미국 금리 상승은 해외 자산에 투자기회를 높일 수도 있다는 판단이다.

해외 자산 이외에도 금리 변동성에 따른 자산가격의 불확실성 리스크를 조금이나마 회피하기 위한 차원에서 ELS(Equity-Linked Securities: 주가연계증권) 투자 등도 고려해볼 필요가 있다.

채권투자 역시 장기적 관점에서 투자 대안이 될 수 있다. 미국 시중금리가 3%를 상회하면서 금리 추가 상승에 대한 우려가 높지만 오히려 예상보다 많은 자금은 채권시장으로 유입되고 있다. 금리 상승으로 인한 채권시장은 물론 각종 자산시장의 불확실성이 커지고 있어 채권의 안정성이 부각되고 장기적 관점에서 채권투자를 통한 수익도 기대되고 있기 때문이다. 금리 상승에도 불구하고 투자기간 측면에서 장기투자를 선호하는 투자자는 채권투자가 나쁘지 않은 선택일 수 있다.

금리 상승 및 유동성 축소로 각종 자산가격의 변동성이 확대될 리스크가 커지고 있다. 이런 때일수록 계란을 다양한 바구니에 보관하는 방식으로 수익률을 관리하는 방안이 좋은 투자 대안이 될 수 있다.

환율, 특히 달러화 흐름을 주목하라

미 연준의 정책금리인상 기조가 지속되면서 미국과 타국가 간 통화정책 차별화, 즉 금리 격차가 확대될 전망이다. 국내 역시 예외는 아니다. 한·미 간에 정책금리가 이미 역전되었고, 역전 폭이 시간이 갈수록 확대될 여지가 높아지고 있다.

통화정책 차별화와 미국과의 금리 역전이 당장 문제를 촉발시키지는 않겠지만 통화정책의 차별화 현상이 심화되는 것은 이전에 경험하지 못한 사례라는 점에서 향후 금융시장이 이를 어떻게 반응할지가 미지수다.

특히 관심을 두어야 할 변수는 달러화다. 달러화를 강조하는 이유는 글로벌 자금흐름에 큰 영향을 미칠 수 있기 때문이다. 가뜩이나 미국 금리 수준이 여타 선진국에 비해 높고 이머징 금리와의 격차도 축소되고 있어 글로벌 자금이 미국으로 쏠릴 가능성이 높다. 여기에 달러화마저 강세를 보인다면 캐리 트레이드 자금이나 이머징시장에 유입되어 있던 자금이 급속히 이탈할 수 있다. 원자재시장 역시 충격이 불가피하다. 금리 상승과 달러화 강세 현상이 동반될 경우 위험자산 및 이머징자산가격이 큰 폭으로 조정받을 수 있는 것이다.

달러화 전망은 엇갈리고 있다. 미 연준의 금리인상 기조로 달러화 가치의 강세를 주장하고 있는 쪽이 있지만 트럼프 정책 불확실성 리스크와 유럽중앙은행과 일본은행의 통화정책 전환이 달러화 약세를 유발시킬 것이라는 주장이 맞서고 있다.

어느 주장이 맞을지는 지켜봐야 하겠지만 투자를 하는 입장에서 금리 상승, 특히 미국 정책금리가 인상되는 상황에서 달러화 향방은 글로벌 자금의 이동을 통해 각종 자산가격에도 큰 영향을 미칠 수 있음을 간과하지 말아야 한다.

불확실성에 대비하는 투자전략을 가져라

장담할 수 없지만 글로벌 금융시장은 미국의 금리인상 사이클과 여타 주요국의 양적완화 중단으로 대변되는 통화정책 기조 전환으로 많은 불확실성 리스크와 변동성을 경험할 공산이 높다.

미 연준도 인정하는 것처럼 미국 경기 사이클이 견조하고, 물가 상승 압력이 점진적이지만 확대되는 상황에서 미국의 금리인상 사이클은 상당 기간 지속될 여지가 높다.

또한 유럽중앙은행과 일본은행 역시 서둘러 금리 상승에 나서지 않겠지만 자산가격의 과열 및 물가 리스크를 조절하기 위한 통화정책의 정상화는 시간의 문제일 뿐 불가피한 정책이다.

그동안 글로벌경제와 금융시장이 저금리와 넘쳐나는 유동성에 익숙했다면 이제는 익숙함에서 벗어날 시대가 온 것이다. 물론 미국 시중금리가 글로벌 금융위기 이전처럼 5% 수준을 넘나드는 국면이 조기에 도래하지 않겠지만 금리 상승이 일반적 현상이 되는 시대가 빨리 올 수 있다.

물론 일부의 주장이지만 미국 등 주요국 경기 확장 사이클이 막바지 국면에 접어들어 미국 금리인상 사이클이 잠시 중단될 수 있고, 여타 선진국 중앙은행도 금리인상을 하지 못하는 상황이 도래할 수 있다. 그러나 이러한 상황이 정말 발생한다면 글로벌 경기는 또다시 침체 국면에 진입하고 자산가격은 큰 폭의 조정을 받을 수 있다. 금리인상 중단을 마냥 반길 수만은 없다. 결국 금리가 상승하거나 금리 상승이 중단되는 현상으로 금융시장의 불안 리스크가 확대될 개연성은 높아졌다.

미래는 누구도 예상할 수 없지만 통화정책 기조가 전환의 시대를 맞이했다. 금융시장의 미래, 특히 10년간 지속되던 저금리 시대가 막을 내리고 금리 상승 시대가 개막하면서 금융시장은 또다시 커다란 불확실성 리스크에 직면할 수도 있다. 익숙함에서 탈피해 변화된 금리 환경에 빠르게 적응하는 노력과 대비가 필요하다.

찾아보기

모든 경제는 환율로 시작해 환율로 끝난다
경제의 99%는 환율이다
백석현 지음 값 15,000원

환율의 모든 것을 알려주는 나침반 역할을 하는 이 책은 한국인에게 가장 적합한 환율 교양서라고 해도 과언이 아니다. 이 책은 이론적 지식을 토대로 저자가 직접 외환시장에서 경험한 실무 노하우를 곁들여, 쉬우면서도 실감나게 환율과 외환시장의 진면목을 보여준다. 환율의 기초 이론부터 역사와 심리, 국제정치까지 아우르는 통찰력을 담아낸 이 책한 권이면 환율 완전정복은 충분하다.

블록체인 재테크에 지금 당장 동참하라!
제4차 산업혁명시대, 블록체인에 투자하라
김재윤 지음 값 15,000원

블록체인 투자의 개념과 노하우를 확실히 알려주는 책이 나왔다. 저자는 블록체인의 다양한 투자방법을 익힌다면 안정적이며 높은 수익을 얻을 수 있다고 말한다. 투자자들이 무작정 투자하기에 앞서, 다양한 투자방법과 올바른 리스크 분산 방법에 대해 파악하는 것이 필요하다. 이 책은 전 세계적으로 블록체인에 대한 투자가 극대화 되는 시점에서 블록체인 투자가 인생의 기회가 되어 보다 나은 미래를 준비하는 계기가 될 것이다.

금융의 기초부터 실전까지, 이보다 쉬울 수 없다!
7일 만에 끝내는 금융지식
정용지 지음 값 17,000원

금융시장은 사건이 아닌 '흐름'으로 이해해야 한다. 이 책은 금융시장을 이해하는 데 필요한 필수지식을 설명한 책으로, 금융시장이 작동하는 원리와 구성요소들을 하나의 흐름으로 엮어서 보여준다. 총 7일차로 구성되어 있어 일주일 만에 필수적인 금융지식을 익힐수 있다. 일주일만 투자해 이 책을 읽어보자. 금융업계 입문자는 물론이고 경제 초보자도금융시장에 한 걸음 더 쉽게 다가갈 수 있다.

핵심기술로 풀어낸 미래 사회 모습
세상을 바꾸는 제4차 산업혁명의 미래
이상헌 지음 값 16,000원

제4차 산업혁명의 개념뿐만 아니라 미래 사회 예측 및 현명한 투자비법까지 총망라한 책으로 독자들이 쉽게 이해할 수 있도록 상세히 기술했다. 무엇보다 제4차 산업혁명 관련분야들인 사물인터넷(IoT), 빅데이터(big data), 인공지능(AI), 클라우드(cloud), 스마트카, 스마트팩토리, 통신 인프라, 블록체인, 가상화폐, 스마트 헬스케어, 주식투자 등의 개념을이야기하면서 과연 미래가 어떻게 바뀌게 될지 미리 엿볼 수 있도록 구성했다.

암호화폐 혁명 시대의 도래
한 권으로 끝내는 비트코인 혁명

한대훈 지음 값 15,000원

대한민국을 열광하게 한 비트코인의 모든 것이 담긴 책이 나왔다. 비트코인의 가격을 결정하는 요인, 비트코인을 둘러싼 오해와 궁금증, 앞으로 암호화폐시장에서 불거질 이슈뿐만 아니라 암호화폐의 상승 가능성을 예상하는 이유 등 비트코인과 암호화폐에 대한 보다 심층적인 모든 것이 이 한 권에 담겨 있다. 암호화폐에 대해 무작정 비판하기보다는 어쩌면 발생할지도 모르는 화폐전쟁을 이 책을 통해 미리 대비하는 건 어떨까?

무역실무, 최고의 베테랑이 되는 법
10일 만에 끝내는 무역실무

김용수 지음 값 15,000원

어려운 무역 용어와 절차들을 알기 쉽게 풀이한 이 책은 무역실무 베테랑의 길을 열어줄 최고의 무역실무 지침서로 손색이 없다. 생소한 무역 용어와 복잡한 절차들은 무역실무 초보자들이 공통적으로 털어놓는 고민거리다. 이러한 고민으로 힘들어 할 무역 초보자들을 위해 저자는 무역실무 전반에 대한 친절하고 입체적인 설명과 함께 다년간의 무역실무 경험을 이 책에 담았다.

돈 되는 부동산 임대사업은 따로 있다
부동산 임대사업자가 꼭 알아야 할 47가지

송상열 지음 값 16,000원

임대사업을 시작하는 사람들이 반드시 알아야 할 부동산 임대사업의 모든 것을 담은 책이 나왔다. 이 책에는 30년 경력의 투자전문가인 저자의 식견이 고스란히 담겨 있다. 베테랑의 핵심노하우는 물론 초보투자자들이 놓치기 쉬운 요소와 임대사업자들도 미처 알지 못하는 사안이 일목요연하게 정리되어 있으며, 이론뿐만 아니라 풍부한 예시·사례·샘플도 수록해 효과적인 이해를 돕는다.

제4차 산업혁명과 관련된 유망종목 공개
제4차 산업혁명시대, 10배 오르는 종목에 투자하라

이상헌 지음 값 16,000원

저명한 애널리스트인 저자는 제4차 산업혁명으로 엄청난 주식투자의 기회가 도래했다고 말한다. 제4차 산업혁명에 대한 개념들을 정확히 파악해 앞으로 세상이 어느 쪽으로 바뀔지 각자의 관점에서 파악하는 것이 필요하다. 제4차 산업혁명시대의 격변 속에서 보다 나은 미래를 위해 꿈꾸는 투자자만이 10배 오르는 10루타 주식을 얻을 수 있다. 이 책은 투자 유망 성장주들을 빠짐없이 제시하기에 10루타를 꿈꾸는 주식투자자들에게 큰 도움이 될 것이다.

독자 여러분의
소중한 원고를 기다립니다

★

메이트북스는 독자 여러분의 소중한 원고를 기다리고 있습니다. 집필을 끝냈거나 혹은 집필중인 원고가 있으신 분은 khg0109@hanmail.net으로 원고의 간단한 기획의도와 개요, 연락처 등과 함께 보내주시면 최대한 빨리 검토한 후에 연락드리겠습니다. 머뭇거리지 마시고 언제라도 메이트북스의 문을 두드리시면 반갑게 맞이하겠습니다.